空調設備が一番わかる

▶住まいからオフィスまで
快適な屋内環境をつくり出す

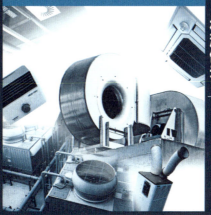

大髙敏男
佐々木美弥
長澤敦氏
村瀬伸夫
著

技術評論社

はじめに

　気候変動枠組条約第 21 回締約国会議（COP21）は、いうまでもなく地球温暖化の抑止が最大のテーマになっています。そして、わが国は、世界をリードする省エネルギー技術を世界中に広めて、地球環境の永続的な維持を推進していかなければならないのです。

　空調システムに広く用いられているヒートポンプは、わが国の省エネルギー技術の代表格です。消費したエネルギーの何倍もの暖房や冷房を利用することができるので、発電所の負荷や化石燃料の消費を減らします。そして、省エネ技術を支え、高品質な空調設備を効率よく生産しているのが、わが国のものづくり技術です。

　さて、本書では、「空調設備を理解するためのさまざまな事柄を現場目線で解説する」ことをコンセプトにしています。空調設備の現場において必要な実践的な知識を体系的にまとめてみました。

　本書の前段では、空調の基本的な事柄、空調設備のさまざまな方式、空調に必要な構成機器など、いわば空調を理解するための前提となる基礎知識を解説しています。後段では、空調システムの選定、セントラル空調や個別分散型空調におけるシステム設計や施工方法のポイント、家庭・店舗用のエアコン、換気、維持・管理などの実務的な事柄について、現場目線で解説をしています。

　本書の執筆に際しては、東芝キヤリア株式会社の村瀬伸夫さん、長澤敦氏さん、佐々木美弥さんに実務サイドからご支援をいただきました。ここに御礼を申し上げます。

　本書が、空調設備における正しい理解とともに、現場におけるさまざまな課題を解決するためのヒントになり、設計・施工の品質向上、適切な維持・管理、ユーザーの理解の向上に資することができれば幸いです。

大髙　敏男

空調設備が一番わかる

目次

はじめに‥‥‥‥‥‥‥3

第1章 空気調和の基礎‥‥‥‥‥‥11

1　空気調和と空気‥‥‥‥‥‥12
2　空気調和を実現する4要素‥‥‥‥‥‥14
3　気流と室内環境‥‥‥‥‥‥16
4　炭酸ガス（二酸化炭素）による人体への影響‥‥‥‥‥‥18
5　浮遊粉塵‥‥‥‥‥‥20
6　保険空調と産業空調‥‥‥‥‥‥23
7　快適性の環境指標‥‥‥‥‥‥25

第2章 空調設備の種類と特徴‥‥‥‥‥‥29

1　空調方式と暖房方式‥‥‥‥‥‥30
2　セントラル空調と個別分散型空調‥‥‥‥‥‥32
3　全空気方式‥‥‥‥‥‥34
4　水・空気方式‥‥‥‥‥‥36
5　空調に用いられる冷凍機‥‥‥‥‥‥38

CONTENTS

- 6 空調に用いられる熱サイクル
  —蒸気圧縮式冷凍機—............42
- 7 空調に用いられる熱サイクル
  —ターボ冷凍機—............44
- 8 空調に用いられる熱サイクル
  —吸収式冷凍機—............46
- 9 いろいろな冷凍機............48
- 10 デシカント空調............52

第3章 空調設備に必要な基本構成............55

- 1 主要な構成機器............56
- 2 熱交換器............58
- 3 冷却塔（クーリングタワー）............60
- 4 弁............62
- 5 圧縮機............64
- 6 送風機............66
- 7 除湿装置と加湿装置............68
- 8 フィルタ............70
- 9 冷媒............72
- 10 配管・ポンプ・インバータ............76

第4章 空調システムを選ぶ……79

1. 規模による空調方式の比較……………80
2. 機器の性能と性能表示……………82
3. 耐用年数、更新性……………84
4. 費用と地球温暖化対策……………86
5. 建物の調和と振動・騒音対策……………88
6. LCAと地球環境防止……………90
7. 資源の有効活用と化学物質管理……………92
8. 空調機器に関連する法規……………94

第5章 セントラル空調……97

1. システム設計のポイント……………98
2. 計装設計について……………100
3. 周辺スペースの確保……………102
4. 一般的な施工手順……………104
5. 機器の設置(施工)方法……………106
6. 配管工事……………108
7. ダクト工事……………110
8. 計装工事……………112
9. 試運転調整……………114
10. 維持・管理……………116

CONTENTS

第6章 個別分散型空調 …………119

1. システム設計のポイント …………120
2. 機器選定時の留意点 …………122
3. 能力補正について …………125
4. 外気処理 …………127
5. 集中コントローラー …………129
6. 一般的な施工手順 …………131
7. 据付け（施工）時の留意点 …………133
8. 振動・騒音対策 …………136
9. 試運転 …………138
10. 日常点検と定期点検 …………142

第7章 エアコン（家庭用、店舗用） …………145

1. 空調面積と簡易負荷計算 …………146
2. 機器の選定 …………148
3. 据付け工事の一般的なプロセス …………150
4. 手始めはカタログの見方から …………152
5. 性能検定 …………154

第8章 空調設備における換気 ……………157

1 換気の必要性…………… 158
2 室内空気の汚染…………… 160
3 換気回数と必要換気量…………… 162
4 換気の方式…………… 164
5 換気経路と圧力損失計算…………… 166
6 換気と還気…………… 168
7 換気の住宅と非住宅における考え方の違い…………… 170
8 外気冷房…………… 172

第9章 空調設備の維持・管理……………175

1 室内の温度と湿度の計測…………… 176
2 冷暖房能力と風量の測定…………… 178
3 結露とその対策…………… 180
4 設備の診断と経年劣化…………… 182
5 清掃・メンテナンス…………… 184
6 さび止め塗装…………… 186

参考文献・資料…………… 188
用語索引…………… 189

CONTENTS

 コラム｜目次

家庭内のエネルギー消費‥‥‥‥‥‥41
サーバー・ルームの空調‥‥‥‥‥‥43
窓下にあるラジエタ‥‥‥‥‥‥47
中世ヨーロッパの陶製ストーブ‥‥‥‥‥‥54
潜水艦と「フロン式冷凍機」‥‥‥‥‥‥74
竪穴式住居の空調‥‥‥‥‥‥78
日本のエネルギー削減‥‥‥‥‥‥96
只（ただ）の風‥‥‥‥‥‥118
温熱感の不思議‥‥‥‥‥‥123
乗り物の冷房設備‥‥‥‥‥‥130
トータルに先端商品を理解できる技術者‥‥‥‥‥‥144
日本の伝統暖房『コタツ』‥‥‥‥‥‥156
Follow the Moon‥‥‥‥‥‥173
羽根のお話‥‥‥‥‥‥174

第1章

空気調和の基礎

　空気は私達の生活空間や作業空間にあたり前にある存在です。しかし、空気を構成する成分比率が変わったり異物が混入すると、不快に感じたり健康被害が出ることもあります。また、空気の温度や圧力、空気の流れによっても同様で、作業空間では作業に支障が出たりします。本章では、空気の正体とその調和に関する基礎を理解しましょう。

1-1 空気調和と空気

●空気調和とは何か

　空気調和（Air conditioning）とは、「空気の温度、湿度、清浄度および気流分布といった要素を、空気調和を必要とする空間の要求に合致するように、同時に処理するプロセス」とされています。

　そして、この定義に基づいて、部屋や施設内といった特定の空間の状態を目的に応じて適切に調節する機器を**空気調和機器**、略して**空調機器**または、**エアコン**（Air Conditioner）といいます。最近では、放射や圧力も調節対象としています。家庭用エアコンでは、人感センサなどを利用して気流の向きや強さも制御するものもあります。

　暖房（Heating）、換気（Ventilating）、空調（Air Conditioning）冷凍（Refrigerating）を行う機器は、頭文字を並べて通称HVAC&R（ヒーバックアンドアール）などと総称されています（図1-1-1）。

●空気の組成

　空気調和の分野では、空気が重要な調整対象です。天気予報では、「今日は空気が乾燥しています」とか「ジメジメしていて洗濯物が乾きにくいでしょう」などと耳にしますが、これは自然界にある大気が完全に乾燥していることはなく、水蒸気を含んでいることに関係しています。

　水分をまったく含まない空気を**乾き空気**と呼び、乾き空気と水蒸気が混合している気体を**湿り空気**と呼びます。また、一般的に水蒸気と湿り空気はそれぞれ完全気体とみなすことができ、理想気体として扱うことができます。

　乾き空気の体積組成は、大半が窒素であり、窒素と酸素で大部分を占めています。他に少量のアルゴン、炭酸ガスなどが含まれています（表1-1-1）。自然界に存在する空気は、これらの成分と水蒸気との混合気体と考えればよいのです。

　さて、グラスの中に冷水を入れると、空気に触れているグラスの外表面に

水滴が付きます。空調機も空気を冷却するときに熱交換器の表面に結露が発生します。湿り空気の性質を知ることは空調を知るうえで重要なのです。

表 1-1-1　乾き空気の体積組成

	化学式	体積組成 %	質量割合 %
窒　素	N_2	78.09	75.53
酸　素	O_2	20.95	23.14
アルゴン	Ar	0.93	1.28
炭酸ガス	CO_2	0.03	0.05
見かけの分子量：28.966			
（圧力 0.1013 MPa、温度 0℃）			

図 1-1-1　HVAC&R

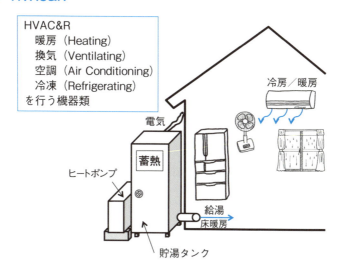

HVAC&R
　暖房（Heating）
　換気（Ventilating）
　空調（Air Conditioning）
　冷凍（Refrigerating）
を行う機器類

1-2 空気調和を実現する4要素

● 4要素と空気調和

　空気調和を行うために制御する「温度」「湿度」「清浄度」「気流分布」の4つの要素を**空気調和の4要素**と呼びます（図1-2-1）。この4要素は、互いに密接に関係し合っています。例えば、室内の気温が28℃であっても、湿度が40％のときと、80％のときでは体感する暑さは異なるでしょう。湿度が高いと不快に感じるかもしれません。

　では、扇風機で風を体に当てている場合はどうでしょうか。体が熱いときには快適に感じても、次第に体が冷えてくると気分が悪くなるかもしれません。このように、人が生活をする場合、単純に温度を変えるとか、風を起こすことでは空気調和とはいえないのです。

　石油ストーブや電気ヒータなどを用いて暖かい室内を得るとしても、これらの機器は気温を高くすることはできますが、空気の温度の調節という空調の要素をひとつしか満たしていないので空調機器とはいえません。空調とは目的に応じて、ある空間を適した状態に調整することで、そのための制御対象がこの4要素なのです。

● 4要素の調整対象

　空気調和は、大きく分けて温度・湿度・気流分布の調節と空気の質（清浄度）の調節の2つの調節を行います。温度の調節には、冷房や暖房機能が用いられます。また、主として対象空間を均一な温度とするために気流の調節を行います（図1-2-2）。

　人が活動する空間の空気調和を考える場合は、気流が人の体感温度に大きな影響を与えるので、体感温度を考慮して調節を行うようにしています。湿度の調節には、除湿や加湿機能が用いられます（図1-2-2）。

　一方、空気の質の調節には、換気、除塵、除菌、脱臭といった機能により、空気中の不純成分を除去して、空気を清浄化します。空調における空気の清

浄度とは、空気中に含まれる塵埃（じんあい）、有害ガス、臭気、微生物などの濃度を、人間の日常生活や工場での製品の生産に必要な適切な値に制御することを目的としたものです（図 1-2-2）。

図 1-2-1　空気調和の 4 要素

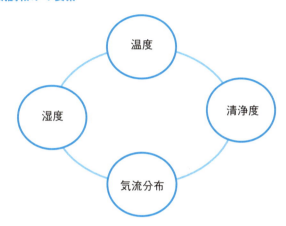

図 1-2-2　空気調和の基本的な考え方

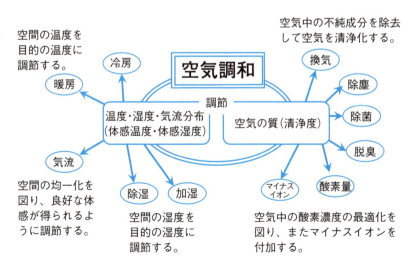

1-3 気流と室内環境

●気流の体感

　気流は、例えば工場での製品の乾燥や凍結などに大きく影響を与えます。したがって、室内においては、目的に応じて最適な調節がなされるようにしています。

　一般的な部屋で、室内空気が 0.25 m/s 程度以下の気流では、部屋の中にいる人は空気のよどみを感じます。また、0.5 〜 1.0 m/s 程度以上の気流では煩わしさを感じて不快感を与えます。したがって、0.25 m/s 程度の気流をつくることが重要です。実際には、室内にいる人の状態、例えば、運動量や着衣量によっても不快と感じる気流の範囲は変わります。

●気流による環境の均一化

　室内の空気を一定の状態に保とうとする場合、例えば、室内にいる人によって人体からの発熱や発汗による水分放出、呼吸による炭酸ガスの放出、体臭や喫煙などによる悪臭や有害物質の発生があるので、これらを適切に室外に放出して一定の外気を取り入れなければなりません。室内へ空気を放出する際には、その場所、方向、強さが室内の空気調和に大きく影響を与えます。

　また、室内空気の吸引に関しても同じことがいえます。空気調和された空気を室内に吹き出す際に、吹出し孔が室内のどの位置にあるかによって上下の温度差が発生しやすくなり、室内の気流が変わります。特に、ホテルのエントランスホールのように大容量の空間では、そこにいる人の快適性が変わるだけでなく、エネルギー消費量も大きく変わるので、注意が必要です。

　空間の気流分布や温度分布について、シミュレーションなどを利用して予測し、必要に応じてサーキュレーターなどを置いて、空間の環境を均一化する工夫が必要です。家庭用の空調機では、暖房モードの温風は下方向に、冷房モードの冷風は上方向に吹き出すように制御されています。また、センサによって人がいる方向に長時間風を当てないようにするなど気流の制御を行

っています。

図 1-3-1　体感温度

気流によって、快適性は変わります。

直接風を身体に当てると
体感温度が変わります。

図 1-3-2　風の利用

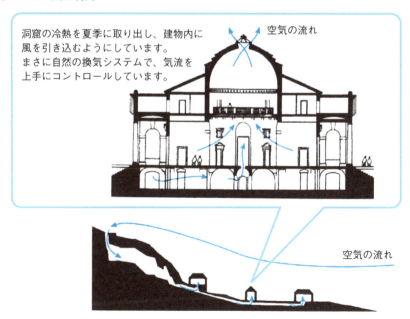

空気の流れ

洞窟の冷熱を夏季に取り出し、建物内に風を引き込むようにしています。
まさに自然の換気システムで、気流を上手にコントロールしています。

空気の流れ

1500年代に活躍したイタリアの建築家パラティオの設計の「ヴィラ・ロトンダ」

1-4 炭酸ガス（二酸化炭素）による人体への影響

●炭酸ガスの発生源

　炭酸ガスは、元々空気の中に含まれていますが、人や動物は呼吸により酸素と炭酸ガスを交換しているので、その呼気に含まれて放出されます。空気調和を行う空間において、人がいる場合は、炭酸ガスの濃度が増加していくことになります。

　また、石油や天然ガスなどの化石燃料が燃焼する際には必ず炭酸ガスが発生します。例えば、石油ストーブやガスレンジなどから炭酸ガスが発生します。こうした燃料の燃焼に限らず、一般に、木材などの物質が燃焼すると多くの炭酸ガスが発生します。室内に火鉢や囲炉裏があって炭や練炭を燃やせば多くの炭酸ガスが発生しています。炭酸ガスは、人間の生活空間には多く発生源があるので、これらは適切に取り除かれなければなりません。

●炭酸ガスの許容濃度

　炭酸ガスの濃度が高くなると、人体には有害です。しかし、部屋の中で人間の呼気から発生する炭酸ガスによってただちに人体に大きな影響を与えるということはありません（表1-4-1）。むしろ、燃料などの不完全燃焼によって発生する一酸化炭素といった有害物質の発生が大きな問題となります。

　建築物における衛生的環境の確保に関する法律（ビル管法）では、室内の炭酸ガス濃度を1000 ppm（0.1％）以下とするように規定しています。もしも、人間の呼気だけで炭酸ガス濃度が規定よりも大きくなると、それは酸素消費量が多いということで人間の数が多いと判断できます。人間の数が多いと室温や湿度にも大きな影響が出るし、悪臭など環境に大きな影響を及ぼします。燃料などの燃焼が伴えば、有害物質の発生もあるでしょう。この規定は、これらを加味した炭酸ガス濃度の指針を与えているものです。

　炭酸ガス濃度が4％を超えると、人体には甚大な悪影響が発生します。人の生活空間では適切な換気が重要になります（図1-4-1）。

表 1-4-1 炭酸ガス（二酸化炭素）の人体への影響

CO_2濃度	人体への影響
360 ppm	大気中の現在の濃度（東京新宿の路上 450ppm）
5000 ppm	労働衛生上の許容濃度（1日8時間労働）
18000 ppm (1.8%)	換気を50%増加する必要がある。
30000 ppm	呼吸困難にいたる。頭痛、吐き気を伴う、視覚が減退し、血圧や脈拍が上がる
40000 ppm	換気を300%に増加する必要がある。頭痛が激しくなる。
50000 ppm	30分後に毒性の兆候が現れ、頭痛やめまいのほかに、発汗する。
80000 ppm	めまいがして、人事不詳の睡眠状態に陥る。
90000 ppm	血圧が失われ、充血して、4時間後死ぬ。
100000 ppm 以上	視覚障害、けいれん、呼吸が激しくなり、血圧が高くなって、意識が失われる。
250000 ppm	中枢神経がおかされ、昏睡、けいれん、窒息死。

出典：東京消防庁

図 1-4-1 炭酸ガスの吐出し量と必要換気量

1-5 浮遊粉塵

●空気中の塵埃

　空気中には、いろいろな塵埃が含まれています。例えば、着衣などから脱落した繊維くずやたばこの煙による微粒子、花粉や細菌類、工事作業場などから発生する粉塵などがあげられます。これらは、人体に摂取されると健康に被害が及ぶ可能性があります。

　塵埃は、空気中に浮遊するものでおおよそ 100 μm 以下の大きさで、平均粒径約 0.5 μm のものをいいます。これ以上大きいものは、空気中に浮遊せずにすぐに落下してしまいます。塵埃の空気中の濃度は地域によって異なっています（表1-5-1）。

●塵埃の除去

　空気調和される空間にいる人の衛生上、あるいはその空間で稼働する機器の生産プロセス管理上、浮遊塵埃を除去して清浄な空気が得られるようにしなければなりません。

　ビル管法による中央管理方式の空気調和設備の室内環境基準では、浮遊粉塵の量は空気 1 m^3 につき 0.15 mg 以下と規定されています。

　室内空気の浮遊塵埃の濃度を低下させる方法は、塵埃の濃度が少ない外気を取り入れて換気する方法と、除埃装置を用いて塵埃を取り除く方法があります。除埃装置には、乾性ろ過式、粘着式、吸着式、静電式などがあります。空調機の中には、これらの除埃装置の搭載や、換気機能が付いているものがほとんどです。しかし、これらは主として塵埃を除去するものであり、臭気や有害物質を取り除く機能は特殊用途として分けられています。例えば、大規模な厨房やトイレ、倉庫や駐車場などの空気調和には臭気や有害物質を取り除く換気設備などが備えられています。参考までに1時間あたりに必要な換気回数の目安を表 1-5-2 に示します。

　空気中に存在する大気汚染物質には、工場の煤煙や自動車の排気ガスなど

人為的なものが主な原因である微粒子や気体分子があります。主な大気汚染物質には、二酸化窒素（NO_2）、浮遊粒子状物質（SPM）、光化学オキシダント（O_x）、二酸化硫黄（SO_2）、一酸化炭素（CO）などがあり、適切に除去して、許容濃度の範囲内にする必要があります（表1-5-3）。

表1-5-1　地域による塵埃の空気中の濃度

地　域	空気1 m^3 中の塵埃量（mg）
いなか，郊外	0.05～0.5
都会	0.1～1.0
工業地帯	0.2～5.0
特に塵埃の多い工場	10～1000

表1-5-2　1時間あたりの換気回数の目安

区分	部屋の種類	回数
一般家庭	居間、浴室、応接室	6
	台所	15
飲食店	食堂、レストラン	6
	調理室	50
病院	診療所、待合室、事務室	6
	手術室、消毒室	15
学校	教室、図書室	6
	便所	12

●浮遊粒子状物質（SPM：Suspended Particulate Matter）

　SPMとは、大気中に存在する粒子状物質（塵埃）の中で、平均粒径10 μm以下の微細な粒子です。小さくて軽いためなかなか落下せずに空気中に長時間浮遊します。吸気した場合は人体に悪影響をもたらすことが知られています。SPMは、黄砂や火山灰のような自然界に由来するものや、工場から排出される排ガス、自動車や船舶などの原動機から排出される排ガスに含まれる煤など人工的なものもあります。

表 1-5-3　主な有害物質の許容濃度

物質名	許容濃度	物質名	許容濃度
アニリン	5 ppm	トルエン	100 ppm
アンモニア	50 ppm	鉛	0.15 mg/m^3
一酸化炭素	50 ppm	二酸化硫黄（亜硫酸ガス）	5 ppm
塩素	1 ppm	ニトロベンゼン	1 ppm
クロム（酸化クロム CrO_3）	0.1 ppm	二硫化炭素	10 ppm
シアン化水素	10 ppm	パラチオン	0.1 mg/m^3
水銀	0.05 mg/m^3	ベンゼン	10 ppm
トリクロルエチレン	50 ppm	ホルムアルデヒド	2 ppm

● PM2.5（Particulate Matter 2.5）

　一般に、SPM の中で粒径が 2.5 μm 以下の微小粒子状物質を PM2.5 と呼んでいます。粒径 2.5 μm 以下になると、呼吸により人体に侵入すると肺の深部に沈着しやいので、吸い込まないような措置を講じなければなりません。特に発癌性がある有害成分も多く含まれているので、PM2.5 の発生自体を抑制していく必要があります。

　PM2.5 は、SPM と同様に工場や自動車から直接排出される粒子（1 次生成）と、アセトンやホルムアルデヒドなどの揮発性有機化合物（VOC：Volatile Organic Compounds）や NO_x、SO_x が化学反応して生成される粒子（2 次生成）があります。近年、日本においても環境基準を超える PM2.5 の濃度を観測しています。これは、中国における深刻な大気汚染が原因です。

● 黄砂

　黄砂とは、主として中国内陸部の砂漠または乾燥地域の砂塵が、強風により上空に巻き上げられて運ばれ、日本を含む広範囲に浮遊して飛散する現況です。黄砂は SPM のひとつであり、2.5 μm 以下の微小粒子も含まれています。ところで、黄砂が日本に降り注ぐということは、大気汚染が深刻化している中国上空を通過してきているので、これらの大気汚染物質とともにやってきている可能性があります。しっかりと、除去する必要があります。

保険空調と産業空調

●空気調和の種類

　空気調和は、保健空調と産業空調に大きく分けることができます。**保健空調**とは、人間の快適な生活環境をつくり、人体の健康や安全の維持を目的とするものです。住宅や商店など普通の生活空間にいる人を対象とする快適空調と工場や作業所、体育館などで作業や運動をしている人を対象とする作業空調があります。

　産業空調は、生産工場で製品の製造、貯蔵、輸送などのプロセスで空調を必要とする場合の**工業工程空調**と、その生産工場など作業所で作業している人を対象とする**作業空調**があります。

　作業空調は、保健空調の要素と産業空調の要素を併せ持っています（図1-6-1）。保健空調が人間を対象としているのに対して、工業工程空調は人間以外の動植物が対象であったり、工業製品やそれをつくる過程で必要となる環境が対象であったりします。これらは、空調を行う目的や要求事項が明確に異なっています。

●工業工程空調の必要性

　わが国は、優れたものづくり技術を有していますが、その本質のひとつは高い品質の製品を効率よく生産する生産技術にあるといってもよいでしょう。工業製品に対する品質の要求はますます高くなっています。高品質を支える重要なアイテムのひとつが製造プロセスを一定の環境下に維持する空気調和の技術です。

　このような空調では、生産プロセスの中で要求される清浄度、温度、湿度、気流速度などを精密に制御しています（図1-6-2）。例えば、半導体製品の製造では、生産空間の高い清浄度が品質に大きく影響を及ぼすので、高い清浄度を維持しながら温湿度を一定に保つ必要があります。

　食品製造プロセスでは、雑菌などが侵入しないように清浄度を保ちながら、

食材の鮮度を保つために温湿度を調整する必要があります。このように、工業工程空調は、製品の品質向上はもちろんのこと、工程速度の高速化、不良の減少、コスト削減などに役立っているのです。

図 1-6-1　空気調和の種類

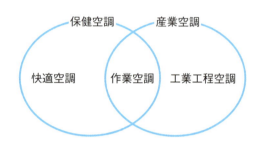

図 1-6-2　工業工程空調の設計温湿度例

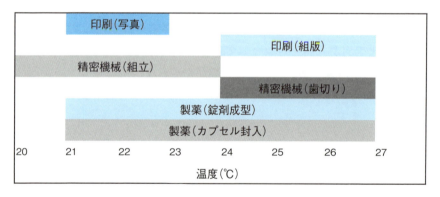

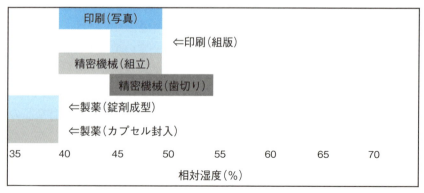

快適性の環境指標

●室内環境指標とは何か

人間の居室空間における快適性は空調に重要な因子です。空調機器は、快適性の指標に基づき、快適になるように空調機器を制御します。この快適性は、性別、年齢、季節、人体温熱感覚（人体周辺の気温、湿度、気流速度、壁面などからの熱放射）、着衣量、作業などによって影響を受けます。したがって、快適性を評価するには、これらの因子を組み合わせることでいくつかの環境指標が提案されています。

●不快指数（Discomfort Index）

アメリカの気象局で気候の快適さを空気の乾球温度と湿球温度のみで示すために作られた指標（不快指数 DI）で、次の式によって与えられます。

$DI = 0.72(t_d + t_m) + 40.6$

t_d：乾球温度［℃］、t_m：湿球温度［℃］

日本の気象庁でも不快指数 DI' を以下の式で与えています。

$DI' = 0.99t_d + 0.36t_m + 41.5$

これは、民族や国が違うと快適に感じる環境条件が若干違ってくるためです。概ね DI と DI' は同じ値になりますが、日本人にとっては、不快指数が75以上で「やや暑さ」を感じ。80以上で「熱くて汗が出る」ようになり、85以上で「熱くてたまらない」状態になるといわれています。

● PMV（Predicted Mean Vote：予測平均申告）

PMV はデンマーク工科大学のファンガー教授（Prof. Fanger）が提唱した指標で ISO 7730 に規定されています。PMV では、人の快適さを「暑い」から「寒い」まで7分割して－3～＋3の数値を割り振り示します。

指標に用いる要素は温度、湿度、平均輻射温度、気流速度、着衣量、活動量の6因子で、これらと PMV の対応を、快適方程式と呼ばれる実験式で関

係付けています。PMVが−0.5〜+0.5の範囲では10人中9人が「快適」と感じ、PMVが0では、「ちょうど快適」のレベルを表します。

空調機の制御は、PMVで大多数の人が「快適」と感じる環境条件に制御すれば、多くの人が満足する環境を提供することができます。なお、PMVに関しても、より日本人に適合した指標に修正するべきとの観点から、いくつかの提案がなされています（図1-7-1）。

●新有効温度（ET*、New Effective Temperature）

1923年に提案された、乾球温度、湿球温度、気流の3因子からなる指標を**有効温度**（ET：Effective Temperature）と呼びます。放射の影響を無視し、人間側の着衣量や活動量を考慮せずに、気流のない相対湿度100％のときと同じ体感温度となる温度を示します。

新有効温度（ET*：New Effective Temperature）とは、米国の暖房冷凍空調技術者協会（ASHRAE）によるもので、相対湿度50％を基準とし、気温、湿度、気流の3つの因子により計算された環境を総合的に評価した温度のことをいいます（図1-7-2）。

新有効温度では、椅子に座って仕事をしている人に対する快適範囲を示していて、夏または冬の普通の着衣状態の人に対して適用でき、周囲条件は室内気温と放射温度がほぼ等しく、室内気流が0.2 m/s前後としています。国や人種、生活環境の違いによって一概に同じ指標を取ることは難しいので、わが国では独自に基準を修正しています。

また、最近では、気温、湿度、気流、放射、活動量、着衣量の6つの因子によって示した**新標準有効温度**（SET*：Standard New Effective Temperature）が使用されることもあります。着衣量は、クロ値（clo値）という着衣の熱抵抗を示す指標を用い、活動量は、MET（Metabolic Equivalent）という運動強度を示す単位で示されます（図1-7-3）。

●作業空調の温熱環境

不快指数やPMV、有効温度などの快適性指標は、主として居室でくつろいだり、事務室で机に向かって座作業をしている場合に適用されます。これに対して、一般の屋内労働や屋内スポーツをしている人が快適感を得るため

には少し違う環境をつくらなければならないでしょう。このような、作業状態における快適感は、新陳代謝量、着衣状態、気流速度、平均的放射温度、気温、空気の水蒸気分圧などによって左右されます。したがって、作業をしている人に対しては、作業内容を大まかに分類して快適感を与える周囲条件を決めています。

図 1-7-1　PMV（予測平均申告）の概念図

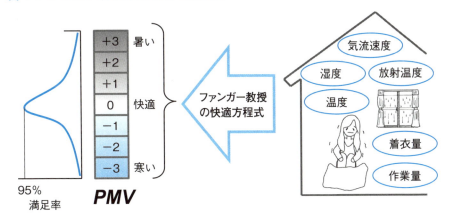

図 1-7-2　新有効温度と温感

新有効温度 ℃	感覚		心理状態	健康状態
	温度	快感		
40	許容限界		体熱調節不能	血行不順
35	非常に暑い	きわめて不快	発汗および血流増加によるストレス増大	熱射病、心臓・血管の障害
30	暑い 暖かい	不快	発汗および血流変化により正常の調節	
25	少し暖かい 中よう	快適		正常
20	少し寒い		血流変化により調節 顕熱損失増加	
15	寒い	少し不快		
	冷たい		着衣の増強 または体操推奨	皮膚および粘膜乾燥
10	非常に冷たい	不快	手足の血管収縮 身震い	筋肉痛 末梢循環障害

図 1-7-3 着衣量と活動量

着衣量：クロ値（clo 値）

ASHRAE の定義
　clo 値は，衣服の熱絶縁量（熱抵抗）の単位。
　湿度 50％、風速 10 cm/s、気温 21.2℃の大気中で、椅子に腰かけて安静にしている白人標準男子（産熱量 50 kcal/m²h）被服者が、平均皮膚温 33℃の快適な状態を継続できるのに必要な被服の熱絶縁値を 1 clo といいます。

例えば、
　半ズボン、半袖シャツ、パンツ、サンダル：0.3 clo
　冬ズボン、長袖シャツ、下着、靴下、靴、セーター、上着：1.09 clo

活動量：MET

安静に座ったままテレビなどを観賞しているときを 1 MET とし、安静時の運動量の倍数でさまざまな運動を数値で示す指標です。

例えば、
　平地の普通歩行、部屋の掃除：3 MET

第2章

空調設備の種類と特徴

　空調を行う設備機械は、空調を行おうとする空間の大きさや目的などに応じて、いろいろな種類の機械が組み込まれています。本章では、空調方式の違いと空調設備の代表的な構成を理解しましょう。また、空調設備において最も重要な熱源機械である冷凍機について、その代表的な種類と特徴を理解しましょう。

2-1 空調方式と暖房方式

●空調方式の分類

　空調方式を熱搬送媒体で分類すると表 2-1-1 のようになります。熱搬送媒体は、空気、水（ブライン）、冷媒が一般的に用いられています。空気や水を二次冷媒として用いる場合は、冷凍機やボイラなどしかるべき熱源機器が外部にあり、そこからダクトや配管を通じて室内に熱搬送します（図 2-1-1）。

　この中で、全空気方式の**単一ダクト方式**が最も広く用いられています。この方式によれば、換気による外気導入を容易に行うことができます。これに対して、**全水方式**は外気を取り入れないファンコイルを用いるので、別途換気のルートを確保する必要があります。**冷媒方式**は、パッケージ型エアコンのように冷凍機を室内に設置したり、外部に設置していても冷凍機の作動流体である冷媒を直接室内に引き込んで利用するものです（図 2-1-2）。

●暖房方式の分類

　暖房方式は、空気調和の 4 要素の中で温度の制御を行うものです。したがって、空気調和を行うためには、他の 3 要素の調節を講じる必要があります。欧州地域などは暖房需要が大きいため、暖房中心の空気調和が求められています。近年は、暖房だけでなく、他の 3 要素を考慮した空調機器が用いられるようになってきました。

　直接暖房方式は、室内に放熱器などを設置し、暖められた空気の対流によって暖房を行う**対流暖房方式**と、床面、壁面、天井などを埋設した伝熱管などにより直接加熱するか、輻射パネルなどの加熱面を用いて放射により暖房を行う**輻射暖房方式**があります。

表 2-1-1 空調方式と暖房方式

空調方式	全空気方式	単一ダクト方式	定風量方式
			再熱方式
			各階ユニット方式
			変風量方式
		二重ダクト方式	
	水・空気方式	ファンコイルユニット方式(ダクト併用)	
		誘引ユニット方式	
		輻射冷暖房方式(ダクト併用)	
	全水方式	ファンコイルユニット方式	
	冷媒方式	パッケージ形エアコンディショナ方式(ルームエアコン等)	
		ターミナルユニット形パッケージエアコンディショナ方式	
暖房方式	直接暖房方式	対流暖房方式	温水暖房方式
			蒸気暖房方式
		輻射暖房方式	低温式
			高温式
			赤外線式
	間接暖房方式	温風暖房方式	

図 2-1-1 二次冷媒による熱搬送方式

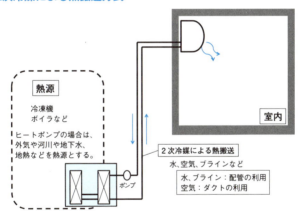

図 2-1-2 直接熱搬送方式

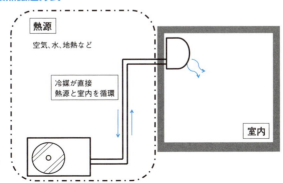

2-2 セントラル空調と個別分散型空調

●熱源の設置位置による空調方式の分類

　空調の方式は、冷房時や暖房時の熱源を置く場所により、**セントラル空調式**（中央式）と**個別分散型空調**（個別式）に分類されます。中央式は、空調対象（例えば建物）全体の熱源を1か所にまとめて設置します。系統ごとの空調機やファンコイルなどの各種ユニットへの熱供給は、各所へ接続されているダクトや給水管といった共通配管によってなされます。比較的大規模の建物に用いられています。

　個別式は空調したい部屋ごとに熱源設備を設置して、独立した空調ユニットを分散させて、個々の要求に応じて運転し、建物全体の空調を行います。個別式は、比較的中・小規模の建物で用いられることが多いです（図2-2-1、表2-2-1）。

●マルチエアコン

　最近は、個別分散型の空調が広く普及してきました。これは、小型の空調機のエネルギー効率が高く、また、きめ細かいニーズにあった制御を部屋ごとに行うことができることが大きな理由です。

　その反面、個々に室外機を置くスペースを確保する必要があり、省スペースの観点からは少し難点があります。個別分散型では、室外機と室内機を1対1で設置することが多いのですが、オフィスなどでは、室外機1台に対して室内機3台、4台と接続できる**マルチエアコン**や、これらを必要に応じて継ぎ足していけるモジュールマルチも製品化されています（図2-2-2）。

　例えば、3室のうちの2室は冷房、1室は暖房というように、各部屋の要求される運転にすべて応えられる冷暖同時マルチエアコンも製品化されています。システムの規模が大きくなると、低負荷運転では少量の冷媒循環量、大負荷運転のときには多量の冷媒循環量が必要となるため、封入する冷媒量と運転モードに応じた冷媒のリキッドタンクの設置とその制御が必要となり

ます。また、ビルの場合は、室内機と室外機の間を結ぶ渡配管の長さが長くなり、かつ落差大きくなるので、圧縮機の負担が大きくなります。このようなことから、家庭用の空調機に比べて、ビル用の空調機はまだまだ効率向上の余地がありそうです。

図 2-2-1　中央式と個別式

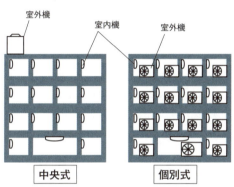

中央式
熱源装置を1か所にまとめて設置する。共通配管を介して建物(地域)全体を空調制御する。

個別式
各部屋ごと各階ごとに独立した空調機を個別に分散させて設置する。

表 2-2-1　空調方式の体系

中央式	全空気式	単一ダクト方式 二重ダクト方式 マルチゾーン方式
	空気・水式	ターミナルリヒート方式 各階ユニット方式 ファンコイル・ダクト方式 誘引ユニット方式 輻射冷暖房方式
	全水式	ファンコイルユニット方式
個別式	冷媒式	パッケージ方式

図 2-2-2　マルチエアコンの概念図

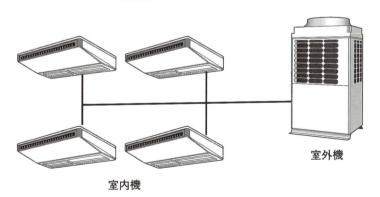

2-3 全空気方式

●単一ダクト方式

この方式は、中央式の空調機で用いられます。屋上や地下などに空調機を設置し、冷温水や蒸気などによって調和空気を作り、1本のダクトで空調したい空間へ送風するもので、小規模な建物から劇場や工場など大きな空間を空調する際に用いられています。機械から発生する騒音が居室に及ぶ心配もなく、また保守管理が容易です。均一の風量を各部屋に送る定風量方式は、最も簡単な構成で設置コストが安く広く普及しています。

しかし、均一な負荷変動にしか対応できないので、風量を可変することができるようにした変風量方式も普及しています。これは、**変風量**（VAV：Variable air volume）**ユニット**と呼ばれる風量調節装置をダクトの吹出し口に設けたもので、サーモスタットなどのセンサを用いてダクトから送られてくる空気量を調整し、室内から誘引した空気と混合して吹き出すようにしています（図2-3-1）。

また、各部屋に再熱機を設けて空気を加温する再熱方式や各階をゾーンに区切って、ゾーンごとに再処理する各階ユニット方式もあります。

●二重ダクト方式

この方式は、中央に設置した空調機で、冷風と温風を両方つくり、これを別々の2本のダクトでそれぞれを各空調したい空間まで送り、各空間のサーモスタットによって、混合ユニットを制御して各空間の要求する条件に合うように冷風と温風を混合して送風します（図2-3-2）。

この方式によれば、季節に関係なく各部屋の要求に応えることが可能で、例えば、隣り合う部屋でも冷房と暖房をそれぞれ利用することが可能となります。大変便利ですが、設置コストが高くなることと、需要に関係なく冷風と温風の両方を用意しなければならないので、省エネルギーの観点から不利となり、最近では、ほとんど用いられていません。

図 2-3-1　単一ダクト方式

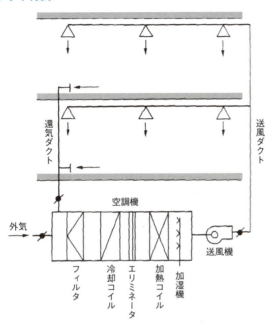

図 2-3-2　二重ダクト方式

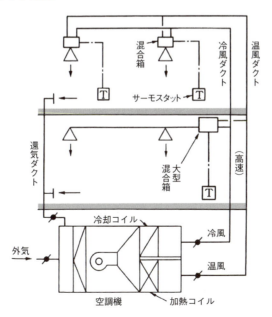

2-4 水・空気方式

●ファンコイルユニット方式

　この方式は、中央式で空調機から空気調和された一次空気をダクトで供給するとともに、ファンコイルも併用します。一次空気は主として換気と湿度調節のために用いられ、温度制御はファンコイルが担います。水と空気を両方用いることから**水・空気方式**と呼びます。

　この方式によれば、個別の空調を行うことができるので、個別制御の要求があるホテルの客室などに用いられています。ユニットへの冷温水の供給配管は、2管式、3管式、4管式があります。3管式と4管式は、冷房と暖房を同時に利用することが可能となります（図2-4-1）。

●誘引ユニット方式

　ファンコイルユニット方式と同様に、温度・湿度を調節した一次空気を室内に設置した誘引ユニットに高圧で供給し、ユニット内でノズルから高速で吹き出す際の誘引作用を用いて、室内から空気を誘引し、室内空気を循環させます。ユニット内の空気コイルで加温または冷却を行います。

　この方式では、必ず一次空気と外気調和機が必要となります。高圧で空気を送る必要があるので、一次空気の搬送動力が大きくなるという欠点があります。また、エアフィルタによる誘引ユニットの性能低下があります。

●輻射冷暖房方式

　この方式は、中央式の空調機から送られてくる冷水または温水を室内の床、壁、天井など中に配置した伝熱管に流し、これらの表面を輻射放熱器として利用するものです（図2-4-2）。

　別置きの輻射パネルを設置する例もあります。換気や湿度調整を行うために、調和された空気をダクトなどで室内に送風し、合わせて利用します。

図 2-4-1 水・空気方式

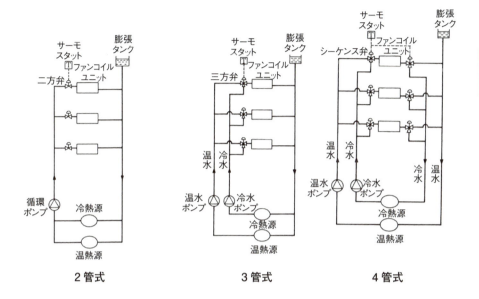

図 2-4-2 輻射冷暖房方式

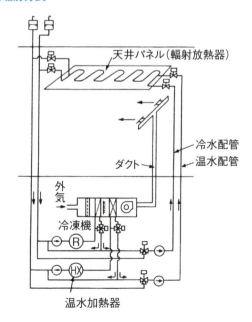

2-5 空調に用いられる冷凍機

●温度領域による分類と冷凍能力による分類

　冷凍機の能力ランクを分類する場合、圧縮機の仕事量で1馬力とか10馬力と分類したり、暖房能力で2.8 kWクラス、3.2 kWクラスなどといったり、冷房能力で同様に分類したりしています。

　冷凍機の方式を選択する際には、加温または冷却させたい対象物の温度領域と冷凍能力により決定することが多いです。それは冷凍方式により温度領域、冷凍能力に一長一短があるからです。能力に応じた方式例を図2-5-1に示します。

　冷凍能力が大きい冷凍機は大規模ビルや地域冷暖房などに用いられます。中規模ビルでは吸収式冷温水機が用いられることもありますが、ビル用マルチエアコンやGHPといってガスエンジン駆動のヒートポンプシステムも用いられます。小規模ビルや家庭用用途ではルームエアコンが用いられています（図2-5-2）。

●効率からみた冷凍機

　冷凍機は、開放サイクルと密閉サイクルに大別することができます。開放サイクルは、熱を搬送する媒体（冷媒）が大気に開放されているシステムです。例えば、冷却対象物の上部に氷をおいた氷冷蔵庫や湿らせたフェルトに風を当ててその蒸発潜熱を利用して冷風を得るものなどが開放サイクルです（図2-5-3）。

　開放サイクルは、熱搬送後の冷媒を回収することが難しく、また、安定的な冷却効果を得ることも難しいです。安定的な冷却効果を連続的に得る必要がある冷凍空調機は、ほとんど密閉サイクルを用いています。

　密閉サイクルは、熱を搬送する媒体を循環させて繰り返し用います（図2-5-4）。冷媒は大気と完全に遮断されているので、安定的に能力を制御することが可能であり、また、空気による冷媒の汚染や潤滑油の酸化あるいは加

水分解といった劣化を防ぐことが可能です。効率に関して比較すると、有効エネルギーの観点から密閉サイクルの方が開放サイクルよりも高くなります。密閉サイクルは冷凍機としての高い品質と耐久性を実現することができるのです。

図 2-5-1　温度と冷凍能力による分類

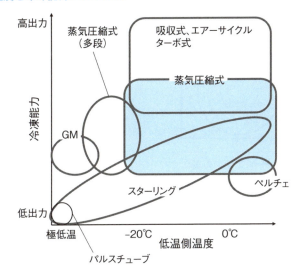

図 2-5-2　冷凍機と用途

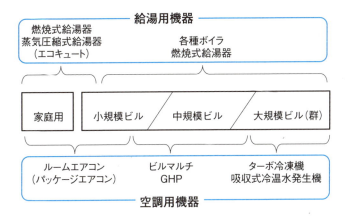

図 2-5-3　開放サイクル

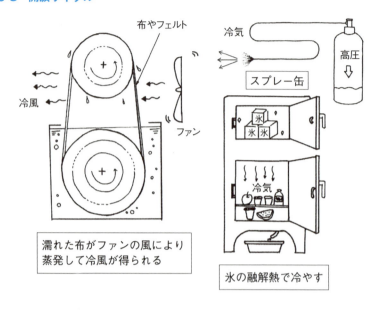

図 2-5-4　密閉サイクル

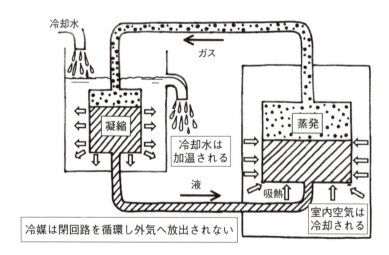

❗ 家庭内のエネルギー消費

電気代、ガス代など家計の心配はいつの時代も絶えません。ところで、家庭内のエネルギー消費の内訳はどのようになっているかご存知ですか？

図は 2004 年の例を代表として示しました。これはその年の景気や気候変動により多少変わりますが、ここ 10 年来の傾向は概ね同様の傾向が見られます。暖房と冷房を合わせると約 3 割になります。

給湯や動力として利用しているエネルギーからは利用後に廃棄されるエネルギーもあるので、これらを上手に回収して利用することがこれから求められそうですね。

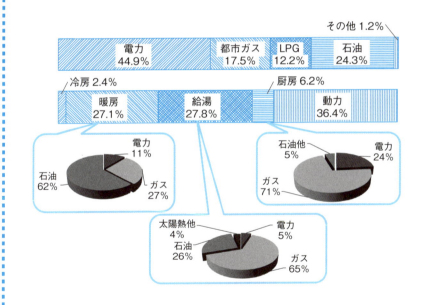

2-6 空調に用いられる熱サイクル
―蒸気圧縮式冷凍機―

●蒸気圧縮式冷凍機の概要

　冷凍機の種類は表2-6-1に示すように動作原理によって分類することができます。蒸気圧縮式冷凍機は、現在最も広く一般的に用いられている冷凍機で、ヒートポンプとしてルームエアコンにも広く普及しています。多くの機種でインバータを用いた高効率化が図られており、省エネルギー推進のためのわが国の重要技術でもあります。

　わが国では、冷房と暖房を切り替えて兼用できる冷暖兼用型が主流で、家庭用ルームエアコンではほとんどが冷暖兼用です。また、エアコンのように空気を利用する直膨式と冷温水を利用する間膨式があります。熱源としては、空気（大気）、水（河川、湖、地下水など）、地熱などが用いられています。

●成績係数（COP：Coefficient of performance）

　冷凍機やヒートポンプでは、利用する熱量（暖房や冷房）に対する供給仕事（圧縮機の動力や消費電力など）の比を効率として用いています。これを**成績係数**（**COP**）と呼びます。

　冷房モードの理論成績係数は、[冷房能力]/[冷凍機の消費エネルギー]で求められます。また、暖房モードの成績係数は、[暖房能力]/[冷凍機の消費エネルギー]で求められます。このCOPと同様の性能指標として、空調機を使用する期間を考慮に入れた**期間SEER**（Seasonal Energy Efficiency Ratio）が用いられることもあります。

　空調機は、1台で冷房/暖房の温度調整以外に換気、除湿、加湿など総合的な空気調和を行う機械として活用することが可能となってきたため、年間を通して用いられるようになってきました。

　そうしたことから、通年でのエネルギー効率を示す指標として、APF（Annual Performance Factor）が導入されて、広く用いられています。**APF**とは、1年間を通してある一定条件のもとにエアコンを運転したときの、

消費電力1kWあたりの冷房・暖房能力を表すもので、通年のエネルギー消費効率を意味しています。冷房期間および暖房期間を通じて室内側空気から除去する熱量および室内空気に加えられた熱量の総和と同期間内に消費された総電力との比で表したものです。

$$APF = \frac{[冷房期間中に発揮した能力の総和]+[暖房期間中に発揮した能力の総和]}{[冷房期間中の消費電力量の総和]+[暖房期間中の消費電力量の総和]}$$

表2-6-1　冷凍機の主な種類

冷凍機の種類			圧縮方式	主な用途
蒸気圧縮式冷凍機	容積式圧縮機	往復式	ピストン・クランク方式	冷凍、ルームエアコン、ヒートポンプ
			ピストン斜板方式	カーエアコン
		回転式	ローリングピストン（ロータリ）方式	電気冷蔵庫、カーエアコン、ルームエアコン
			スクロール方式	冷凍、カーエアコン、ルームエアコン
			スクリュー方式	空調、冷凍、ヒートポンプ
	遠心圧縮機（ターボ冷凍機）			空調、冷凍、ヒートポンプ
熱駆動冷凍機	吸収冷凍機、吸着冷凍機			空調、冷凍
熱電冷凍機	ペルチェ式			小型冷蔵庫、CPU冷却
蒸気噴射式冷凍機			エゼクタ式	空調
その他				

❗ サーバー・ルームの空調

　会社で使用されるコンピュータのデータを一元的に管理することで、情報管理の中枢部とも言われている場所が「サーバー・ルーム」です。コンピュータ内部の温度は、通常で70度前後になります。大型のコンピュータがたくさん設置されていることから、室温は大変な暑さになってしまいます。また、コンピュータ内部には温度センサーがあり、異常な温度を検出すると電源が切られ、動作しなくなる設計になっています。そこで専用の空調機が設置されています。空調機からの冷気を床下から送り出し、天井から部屋の空気を取り込み、空調機に送り返すことで室温がコントロールされています。

2-7 空調に用いられる熱サイクル
―ターボ冷凍機―

●ターボ冷凍機の概要

　ターボ冷凍機は、ターボ圧縮機（遠心圧縮機）を用いて遠心力によりガス冷媒を圧縮する冷凍機です。蒸気圧縮式冷凍サイクルの圧縮機にターボ圧縮機を搭載した構成になっています。

　密閉増速単段遠心圧縮機を用いた冷凍機の構成を図2-7-1示します。ガス冷媒は、ターボ圧縮機の中に吸気され、電動機と増速歯車によって高速回転する羽根車によって昇圧されます。ターボ冷凍機も蒸気圧縮式冷凍サイクルと同じように凝縮器と蒸発器を有しています。

　ターボ冷凍機は大流量の冷媒を処理することができるので、大規模なビルやプラントなど大きな冷房負荷があるところに対応することができます。しかし、容積式圧縮機に比べると圧縮比を大きくすることができないので、大きな温度落差には対応できません。

●ターボ冷凍機の成績係数

　最近ではインバータを搭載したターボ冷凍機が開発されており、春、秋、冬の低温冷却水が利用できるとCOPが20を超える高効率が得られています。ターボ冷凍機は、概ね40〜3000冷凍トンといった比較的大出力の冷凍機として活用され、大容量でも重量や据付け面積が小さく、往復式に比べて容量制御が容易で、制御範囲も広く、負荷変動に対しても良好な追従性が得られます。

　ターボ冷凍機は、5〜10℃程度の冷水から、マイナス75℃程度のブライン製造用途にも用いられています。ターボ圧縮機では、吐出し圧力が所定よりも数％上昇すると、圧送冷媒ガス量は減少し冷凍能力が低下します。

　ターボ冷凍機は羽根車の数だけ吸込み口を設けることができ、また、成績係数の向上を目的としてエコノマイザを置くことができます。エコノマイザは凝縮器を通過した冷媒を気液に分離し、ガス冷媒を圧縮機の2段目に合流

させ、液冷媒を蒸発器に送ります。これにより圧縮比を増加させることができます。

図 2-7-1　密閉増速単段遠心圧縮機を用いた冷凍機

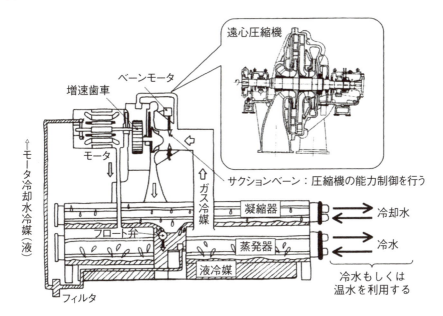

図 2-7-2　ターボ冷凍機の例

出典：三菱重工業株式会社　カタログ「高性能ターボ冷凍機 GART&GART-I series」

2-8 空調に用いられる熱サイクル
—吸収式冷凍機—

●吸収式冷凍機の概要

　吸収式冷凍機は、冷媒ガスが吸収剤に吸収される割合が、温度、圧力により異なる減少を利用します。臭化リチウム吸収式冷凍機の原理図を図2-8-1に示します。冷媒として水、吸収剤として臭化リチウムが用いられます。

　図2-8-1の中央部にある蒸発器では、水が蒸発をしていますが、このとき、12℃で入ってきた2次熱搬送の水は蒸発潜熱を奪われて7℃に冷却されて出ていきます。冷房などにはこの冷水を利用します。蒸発器で蒸発した水は吸収器に送られます。吸収器では臭化リチウムがあるので、臭化リチウム水溶液となってたまります。その後、臭化リチウム水溶液は再生器へ送られます。

　再生器はボイラにより加温され、濃度の濃い臭化リチウム水溶液と水蒸気に分離します。そして、水蒸気は凝縮器へ移動します。濃度の濃い臭化リチウム水溶液は、再び吸収器へ送られ、水を吸収し濃度が低い臭化リチウム水溶液となります。そして、凝縮器へ送られた水蒸気は冷却され、再び蒸発器へ戻ります。

　吸収式冷凍機では、臭化リチウム水溶液の濃度の差がサイクルの駆動源となります。必ずボイラが必要で、多くの場合、ガス燃焼ボイラが用いられています。ガスを燃焼して冷房をするので、省電力なヒートポンプといえます。また、高効率化のために、再生器を低温再生器と高温再生器と2段に分けて行う2重効用吸収式冷凍機や3重効用吸収式冷凍機も実用化されています。

●冷媒と吸収剤

　吸収式冷凍機で最も広く使用されている冷媒と吸収剤の組合わせは、水＋臭化リチウム（LiBr）とアンモニア（NH_3）＋水です。水＋臭化リチウムを使用する場合、凝縮時の冷媒の取扱い容積が大きく空気による冷却が困難で、0℃以下の低温に対応するのが難しくなります。また、アンモニア＋水を利用する場合、アンモニアが有毒で可燃性があるなどの課題があります。

図 2-8-1　臭化リチウム吸収式冷凍機の原理

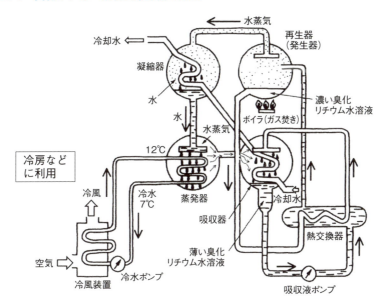

> ⚠️ **窓下にあるラジエタ**
>
> 　古くから暖を建物にどのように採るのかが工夫されてきました。寒い冬に外から家に帰ってきたとき、ストーブがあるとそれにあたって身体を温めることができます。ストーブはそれが置いてある部屋は効果がありますが他の部屋は寒いままです。
>
> 　建物全体を暖めるというより建物の中に寒さを残しながら暖を得る採暖であるといえます。また、暖炉のような大きな暖房機をおいて、建物全体に暖房機に向かう空気の流れをつくり、それにより暖を得る対流形の暖房も古くから利用されています。
>
> 　窓の下にあるラジエタは発生する寒さをその場所ごとに処理する除寒形の暖房です。一般的には、各部屋にラジエタやパネルが設置され、そこにスチームやオイルなどが流されます。これらは建物内に設置されるボイラにより加温されます。建物内を効率よく暖めますが、ストーブのように採暖という感覚は味わえないでしょう。

2-9 いろいろな冷凍機

●蒸気噴射式冷凍機

　エゼクタ（ejector）で蒸気を高速で噴射させ、噴流の吸引作用により蒸発器内を減圧し、冷媒である水などを低圧のもとで蒸発させることによって低温の水またはブラインをつくり、冷凍作用を行わせる冷凍機です（図2-9-1）。

　蒸気エゼクタの効率が低い（理論値で0.35～0.4）ため、装置全体としての効率が低いという問題点があります。冷却温度範囲は、水を冷媒とする場合、常温～0℃程度までです。

●空気圧縮式冷凍機

　空気を冷媒として用い、圧縮して高温高圧になった空気を常温付近まで冷却し、その後に膨張タービン内で膨張させて低温空気を得る冷凍機です（図

図 2-9-1　蒸気噴射式冷凍機の原理

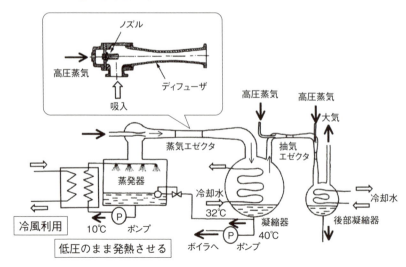

2-9-2)。効率は低いですが、小形・軽量であるため、航空機客室内の空調装置として広く用いられています。**エアーサイクル**とも呼びます。

●磁気冷凍機

磁性体の磁気熱量効果（断熱消磁冷却）を利用し、磁性体を作業物質に用い、冷凍サイクルを構成して冷凍を得る冷凍機を**磁気冷凍機**と呼びます。磁性体に外部から磁場を加え、断熱状態で磁場を変化させると物質の温度が変化します。この可逆的現象を**磁気熱量効果**と呼びます。

これは、磁場を印加した状態と取り除いた状態で、磁性体内部電子系のエントロピが変化することを利用するもので、磁性体内部における電子系と格子系との間でエネルギー授受が起こり磁性体温度の変化になって現れるものです。この現象を利用して熱サイクルを組めば冷凍機として機能します。

磁場がないときは、電子スピンの向きはランダムで電子スピン系のエントロピは大きいです。磁場が印加されると、電子スピンは磁場の方向に沿った状態しかとれなくなり、エントロピが小さくなります。このときのエネルギーは格子系に与えられ、格子振動が激しくなって磁性体の温度が上昇します。磁場の印加と解除の繰返しによってサイクルを組めば、高温と低温を得ることができます。

図 2-9-2　空気圧縮式冷凍機

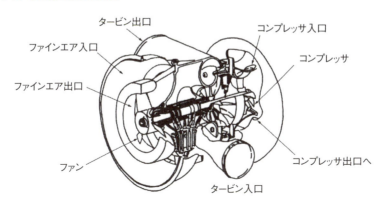

●スターリング冷凍機

主な構成要素は、膨張空間と圧縮空間を形成するピストンーシリンダ機構、放熱を行う高温側熱交換器、吸熱を行う低温側熱交換器、熱の蓄熱または再生を行う再生器と呼ばれる再生型熱交換器、これら要素を接続する連絡配管からなります。

動作原理は、膨張ピストンより約90度遅れの位相差で圧縮ピストンを駆動することによって等温膨張、等温圧縮過程をつくり吸熱と放熱を行います（図2-9-3）。スターリング冷凍機とスターリングエンジンを組み合わせたヴィルミエ機関は冷房と給湯が同時に得られるシステムの構築が可能です。

●吸着式冷凍機

水蒸気がシリカゲルなどの吸着剤に取り込まれる際に熱の授受が発生する現象を利用したものを**吸着式冷凍機**といいます。吸着材には活性炭や活性アルミナ、剛性ゼオライトなどがあります（2-10節参照）。

図2-9-3　スターリングエンジンの動作原理

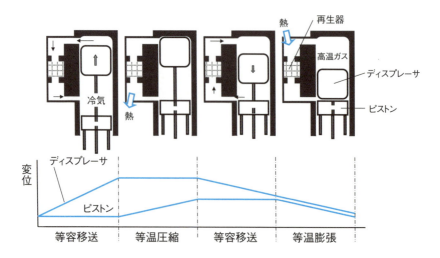

●ペルチェ式冷凍機

　ペルチェ効果を利用した冷凍機で、ペルチェ（Jean-Charles Peltier）により 1834 年に発見された熱電効果を利用します。2 種類の金属が接触しているとき、これらを接続した回路を構成し、直流電流を流すと一方の接合部では吸熱、もう一方の接合部では発熱が起こります。電流の方向を変えると吸熱と発熱が逆転します（図2-9-4）。これを**ペルチェ効果**と呼びます。実際には、n 型半導体と p 型半導体を用います。

　ペルチェ素子は、セラミック基盤に電極面を接合しているセラミックタイプ、セラミック基盤をなくしているスケルトンタイプ、冷却効果の増加をねらった多段（カスケード）タイプなどがあります。

　ペルチェ冷凍機は、可動部がまったくないので振動や騒音が発生しません。したがって、低振動や低騒音を求められる用途に広く使用されています。

図 2-9-4　ペルチェ式冷凍機

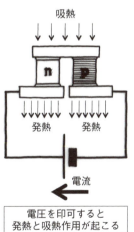

2-10 デシカント空調

●デシカント空調とは何か

　吸着式冷凍機は、工場などで無駄に捨てられる比較的低温の廃熱（60℃程度）を有効に活用して、冷熱をつくり出すことができます。**デシカント空調**とは、この吸着式冷凍機の吸着脱着を利用するものです。デシカント空調では、温度（顕熱）と湿度（潜熱）の両方を制御しています。これによって、室温を変えずに除湿や加湿が容易に行えるようになります。

　デシカント空調システムの主要な構成は、水分の吸着と脱着を行うデシカントロータ、顕熱交換ロータ、蒸発冷却器、冷却コイルで、これらを組み合わせて構成します（図2-10-1）。

　デシカントロータは、シリカゲルやゼオライトなどの吸着材を空気流路表面に施しており、湿度の高い空気がこの流路を通過する際に水分が吸着材に吸着され空気は除湿されます。そして、逆に吸着された水分は高温空気を通すことにより脱着され空気と一緒にロータ外へ排出されます。デシカントロータはこの行程を回転により繰り返しています。ロータ外へ水分を排出する機能を利用して、室内に水分を排出すれば、加湿が可能になります。脱着時に必要な温度は50℃～80℃程度です。

●デシカントシステムとヒートポンプ

　デシカントシステムとヒートポンプを組み合わせると、冷房、暖房、除湿、加湿、換気を直接的に制御することが可能となります。夏季において、冷房運転をすれば、ヒートポンプの凝縮器における放熱をデシカントシステムの顕熱ロータの後加熱器として利用することができ、脱着に必要な加熱に役立てることができます。

　冬季の暖房運転においては、外気取込みの際のデシカントロータの前にヒートポンプの蒸発器を置けば、その吸熱作用により、外気を予冷・予除湿することができます。予冷を行えば、処理対象の空気の相対湿度が高まり、デ

シカントローラにおける除湿量を増加させることができます。

図 2-10-1　デシカント空調システムの構成

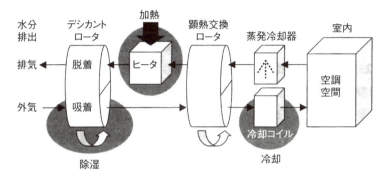

図 2-10-2　デシカント空調システムの例（その1）

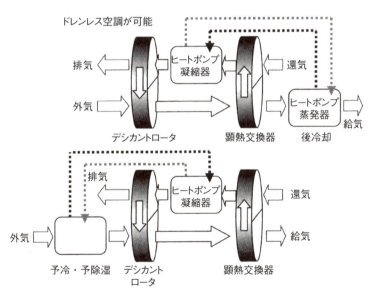

ヒートポンプの凝縮／蒸発を利用して、加熱／冷却を行う

図 2-10-3　デシカント空調システムの例（その2）

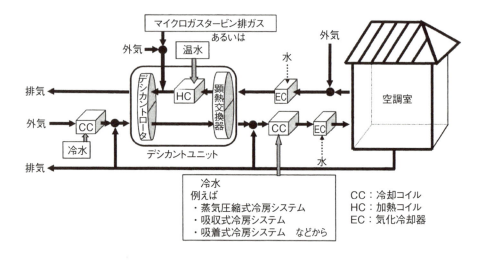

> ### ❗ 中世ヨーロッパの陶製ストーブ
>
> チェコ共和国に多く残っている美しい城や館には多くの美しい陶製のストーブが使われていました。城となると部屋数も多いのですが、各部屋に陶製のストーブが設置されています。客間やダイニングや寝室など各部屋のコンセプトに合ったデザインで製作されています。
>
> 通常は部屋の隅に設置され、薪焚きで用いられていました。一般に部屋と部屋の間には細い作業用通路があり、この通路から薪をくべられるようになっています。現在では、天然ガスや灯油を用いる陶製ストーブが用いられています。
>
>

第3章

空調設備に必要な基本構成

　空調設備には、多くの機械が組み込まれています。そして、それらの機械はいくつかの種類があり、空調対象となる空間の状況に応じて適切に制御されて運用されています。本章では、基本となる空調設備の構成、代表的な構成機械の種類や特徴を理解しましょう。

3-1 主要な構成機器

●空調設備の基本要素

空調設備は、空間の規模に応じていろいろな種類があります。最終的に対象空間を風の対流によって行う空調設備についても数種類あります（対流以外に伝熱、輻射がありますが今回は省略します）。

セントラル空調の例においては、**風**（空気）と**水**と**冷媒**の3段階の流体を使っています（図3-1-1）。それぞれに同様の要素部品があり、流体によって機構が異なります。

風によって対象空間を空調するために、水から熱を受ける熱交換器（AHU：エアハンドリングユニット、FCU：ファンコイルユニットとも呼ぶ。）、送風機、ダクト、風量調整（CAV、VAV）、全熱交換器、換気などの要素部品で温度、湿度、空気の鮮度を調整します。除湿機や加湿器、空気清浄機を加えることもあります。

水を循環して風の温度調整をするために、冷媒から熱を受け取る熱交換器（プレートタイプなど）、風に熱を与える熱交換器（AHU）、ポンプ、水量調節弁、水槽などの要素部品で構成します。

次に冷媒を循環して冷凍サイクル（ヒートポンプ）を形成し、水に熱を与える熱源装置があります。このサイクルは熱交換器、圧縮機、膨張弁、四方弁などによって構成され、外気から熱を受け取ります。この外気からの熱を別の水循環から得る場合もあり、その場合は冷却塔を使います。

これらは大きなシステムなので、3段階にわたっていますが、規模によっては、風や水循環構成のないシステムもあり、さまざまな組合せが存在します。家庭用エアコンやビル用マルチエアコンは水循環を使いません。

●基本的構成要素

熱交換器、送風機、弁、圧縮機、冷却塔などを基本要素として挙げましたが、それらの中にはさらにファン、モータ、インバータ（モータ駆動制御器）、

フィルターなどの基本要素部品があります（後述）。

図 3-1-1　風（空気）と水と冷媒

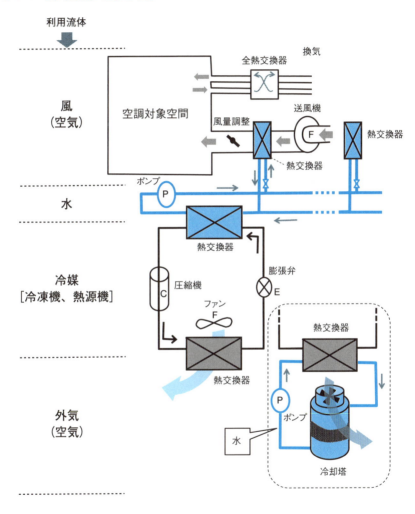

3-2 熱交換器

●隔壁式熱交換器

　熱交換器は、熱源の採熱、熱利用、熱搬送などのときの流体間の熱の授受に用いられます。一般に、流体と流体の間に固体の壁がある**隔壁式熱交換器**（表3-2-1）と、固体壁がない**直接接触熱交換器**に大別されます。また、熱交換器は流体によっても分類されます。例えば、流体の相変化を伴う場合を蒸発器（evaporator）、凝縮器（condenser）、蓄熱・再生を行う再生器などがあります。熱交換は、流体が液体かガス、または相変化を伴うのかにより形態が変わります。これは、主に熱伝達率の違いによります。

●液–ガス熱交換器

　ガス側の熱伝達率が低いので、フィンなどにより伝熱面積を拡大する必要があります。フィンプレート＋管のような熱交換器が用いられます。

●液–液熱交換器

　どちらの流体も高い熱伝達率を有するので、大幅な拡大伝熱面を必要としません。シェルアンドチューブ熱交換器やコンパクト性が高いプレート式熱交換器が用いられます。

●ガス–ガス熱交換器

　隔壁の両面とも熱伝達率が低くなります。したがって、拡大伝熱面は両面に必要となります。平板＋フィンの熱交換器が多く用いられています。

●凝縮・蒸発–ガス熱交換器

　凝縮する流体とガス間では、フィンプレート＋管の空冷コンデンサ、蒸発する流体とガス間では、円周フィン付管あるいは、フィンアンドチューブ熱交換器が用いられています。

表 3-2-1 隔壁式熱交換器の分類

流体Aの流路	流体Bの流路	形式/用途	構成・用途
円管	円管	2重管熱交換器	排熱回収ほか
	シェル	シェルアンドチューブ熱交換器	再生器、排熱回収、冷凍機、化学プラント、LNG気化器、高温ガス炉蒸気発生器ほか
	管列の間 — 裸管	管熱交換器	オイルヒータ
	管列の間 — 円周フィン付管	フィン付管熱交換器	化学プラントクーラ
	管列の間 — プレートフィン+管	フィン・アンド・チューブ熱交換器	冷凍機、空調機ほか
扁平矩形管	フィン列	コルゲートフィン熱交換器	自動車用ラジエタ、空調機ほか
平行平板	平行平板	プレート式熱交換器	オイルクーラ、水クーラ、排熱回収ほか
平板+フィン列	平板+フィン列	コンパクト熱交換器	エアクーラほか
マトリックス	マトリックス	蓄熱式熱交換器 / 全熱交換器	再生器ほか

3-3 冷却塔（クーリングタワー）

●直接接触式熱交換器

水滴もしくは水膜と空気を直接接触させて水を冷却させる熱交換器を**直接接触式熱交換器**と呼びます。冷却塔、水蒸気中に冷水を注入して蒸気を凝縮させるバロメトリックコンデンサなどがあります。

空気調和設備では、冷凍機の凝縮器を水で冷却した場合、この高温になった冷却水の冷却に冷却塔が用いられます。高温になった冷却水は冷却塔に導かれ、送風機で外気に当てられて冷却します。この際に、水が蒸発するので、蒸発潜熱により冷却が促進されます。失われた水は適時補給するようにしています。

冷却塔を用いる場合は、外気から不純物が混入する可能性が高くなります。また、水に含まれる不純成分は、水が蒸発することにより次第に濃縮されることになり水質が悪化します。これを防ぐために、余分の水量補充が必要となります。冷却塔は、ポンプや送風機に動力を要しますが、冷却効果が大きく、また、性能も安定しているので、広く用いられています。

●冷却塔の構成

冷却塔は、水を空気と効率よく直接接触させるために、散水管とスプリンクラを有しています（図3-3-1、図3-3-2）。冷却すべき水をポンプによって冷却塔の上部まで運び下向きに滴下散水します。このとき、送風機により外気が冷却塔内に下から上へ流れるように水滴と対抗して流れます。水滴には外気が直接接触し、冷却されるようになっています。

この際に一部の水が蒸発し、自らの蒸発潜熱で冷却されます。水滴が落下する冷却塔の下部には消音マットが設置されています。また、雑菌の繁殖などを防止するよう工夫がなされています。送風機の設置位置により分類され、水滴と空気の流れる向きから向流形と直交流形に分類されます。

一般に、向流形は熱交換効率に優れていますが、複数台設置するには直交

流形の方が有利です。したがって、空気調和しようとする空間の大きさ、ビルの規模によって、適切に選ぶようにします。

図3-3-1　冷却塔の構成

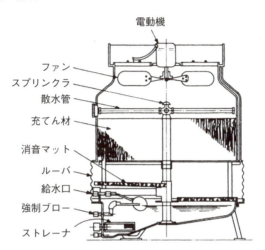

図3-3-2　冷却塔（クーリングタワー）

3-4 弁

　空調設備は、空気、水、冷媒の流れを制御するために弁が必ず必要です。用途に応じて、単に流したり止めたりする弁、流れの方向を切り替える弁、さらには流量、圧力をコントロールするための弁があり、各々の流体の特性に合わせて各種の構造の弁が存在します。

　また、自動や手動の区別もあり、最近は、さまざまなアプリケーション（制御性・操作性）を求められるので、的確な弁の選定が重要です（図3-4-1）。

●水用弁（バルブ）

　一般的にバルブと呼ばれる水の弁であり、ボール弁が構造も簡単で最もポピュラーな弁です。弁棒（ステム）を90度回転して弁とケースの間でシールを取ります。また、仕切弁、グローブ弁は、弁棒（ステム）にネジが切られており、ステムを回すことにより、弁が上下してシールをとります。さらに、逆流防止のために配管内に流れる流体の力を利用して弁を開閉する自力弁である逆止め弁もよく使われます（図3-4-2）。

●空気用弁（ダンパー）

　一般的には風量の調整であり、ダンパーと呼びます。全体の風量調整、さらには複数の吹出し口や吸込み口との間のダクトに取り付けて風量のバランスをとるために使用します。

●冷媒弁

　代表的なものに、室内・室外の冷凍サイクルをつないだ後に手動で冷媒を流すために開くためのパックドバルブがあります。また、エアコンの冷凍サイクル制御に関連しては膨張弁、四方弁があります（図3-4-2）。冷凍サイクルは、冷媒の3 MPaの高圧を使いながら、さらに高圧／低圧の圧力比3と大きな変化を利用して熱搬送を行うため、これらの弁は水用のバルブとは明らかに異なる構造をしています。

図3-4-1 弁選定の条件

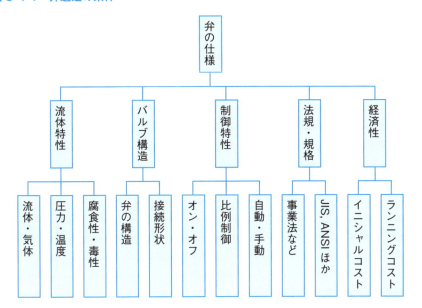

図3-4-2 冷凍サイクルの回路と四方弁

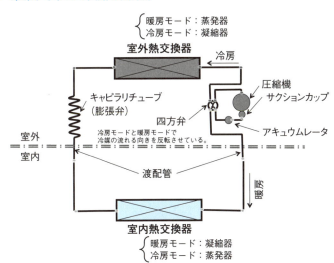

3-5 圧縮機

●容積式圧縮機と遠心式圧縮機

　圧縮機は一般に空調設備の熱源機器に内に設置され、ガス冷媒を昇圧し、冷媒を熱源間に循環させる役割があります。圧縮機は大きく分けて容積式圧縮機（図3-5-1）と遠心式圧縮機（図3-5-2）があります。圧縮機は空調機の性能を大きく左右する最も重要な構成部品のひとつです。

　容積式圧縮機は、所定の掃気容積を機構によって一定の容積に圧縮して吐き出し、遠心圧縮機よりも高い圧縮比を実現することができます。遠心圧縮機は遠心力を用いて冷媒を圧縮する圧縮機で、大容量の空調設備に用いられます。これらは、用途や出力に応じて使い分けられています。

●容積式圧縮機の種類と機構

　容積形圧縮機は用途や機構により分類されます。外観構造から分類すると、圧縮機と駆動用動力機が別々に構成される開放型や、電動機と圧縮機を直結してひとつのケース内に構成する密閉形があります。また、これらの中間に位置し、必要に応じてボルト締め蓋を取りメンテナンスができる半密閉型があります。

　開放型は、圧縮機の分解が容易であるためメンテナンス性が高くなります。また、原動機を容易に交換することが可能です。ベルト伝動装置を用いれば速度比を自由に設定することができ、能力不足のときの対応が容易となります。

　密閉型は、機械部分が完全に溶接されたケースにより大気とは分離しているので作動ガスの漏れはありません。また、大気や水分の進入も発生しにくいです。しかし、故障時の部品交換やメンテナンスは困難となります。したがって、家庭用冷凍・空調機器のようなメンテナンスフリーの機器に採用されることが多いです。

　容積式圧縮機に用いられる機構には、往復式、回転式、スクリュー式、電磁振動式などがあります。

図 3-5-1 容積式圧縮機（V形レシプロ圧縮機）の例

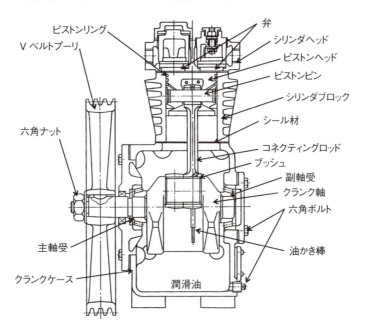

図 3-5-2 遠心式圧縮機（ターボ圧縮機）の例

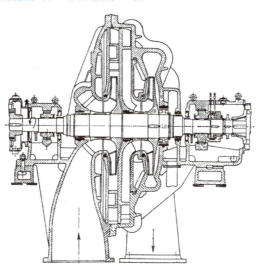

3-6 送風機

●送風機の種類

　送風機は、その用途によって、さまざまな種類があります。空調設備を構成する送風機としては、空調機器の室外機やエアハンドリングユニットの熱交換器の熱交換を効率よく行うための送風機や、空気を搬送するための送風機などがあります。

　送風機は、大きく分けて翼の部分、ケーシング、軸受、電動機（モータ）部分に分けられます。翼を通る空気流の方向により、遠心式、軸流式、斜流式および横流式などの形式があります。遠心式は、翼の中を軸方向から入り径方向へ、軸流式は、軸流方向から軸方向へ、渓流式は、軸方向から入り、軸に対して傾斜して流体が通り抜けます。横流式は、翼の外周の一部から入り反対の外周の一部へ通り抜けます。

●送風機を選定するための要素と代表的な送風機

　用途によって、風量と静圧を確認し、最適な送風機を選定します。

遠心式多翼送風機（通称：シロッコファン、ターボファン）

　高い静圧が必要な用途で使用しますが、単位動力あたりの風量は少ないのが特徴です。ダクト空調用、給排気用、エアハンドリングユニットなど各種空調用で使用されます。翼形状を変えることにより、風量を多くするターボファンタイプもあります。

軸流式送風機（通称：プロペラファン）

　静圧は高い方ではなく、通風抵抗が少ない場合は、大風量を確保できるのが特徴です。用途としては、室外機の熱交換用、冷却塔などに使用されます。安価に製造できるため、家庭用の換気扇にも使用されています。

横流送風機（通称：クロスフローファン）

　静圧の低い用途で使用しますが風量が多く、騒音も低いのが特徴です。翼の長さを増やすほどに風量を増やせます。壁掛けタイプ室内機の熱交換用に

多く使用されており、薄型筐体に向いています。

表 3-6-1　代表的な送風機

種類	風の方向	特徴（概略）			用途・備考
		風量	静圧	騒音	
遠心式多翼送風機 （シロッコファン）	回転軸に対して直角。 遠心方向に流れる。	小	大	中	静圧が高いのでダクト空調や給排気用、エアハンドリングユニットに使われる。小形にできる特徴もあり、ウインドエアコンや天吊りタイプにも使われる。
軸流式送風機 （プロペラファン）	回転軸と同方向。	大	中	小	静圧は高くないが、風量は大きいので用途は広い。 エアコンの室外機や冷却塔。 翼形状を選択することにより、圧力アップも可。
横流送風機 （クロスフローファン）	回転軸を横切るように流れる。 細長い形状なので長手方向に対し垂直方向。	大	小	小	静圧は低いが、風量が大きく、騒音が低い。 ほとんどの壁掛けエアコンはこのタイプを使用。 特に薄型の筐体に向いている。

図 3-6-1　ファンの例

シロッコファン
（ターボファン）

プロペラファン
（羽の種類によっては回転方向、風の方向が変わります。）

クロスフローファン

ファンの回転方向：
風の流れ：

図 3-6-2　ファンの特性（P-Q、η-Q）の概略イメージ

シロッコファン　　プロペラファン　　クロスフローファン

P：静圧
Q：風量
η：ファン効率(同一入力に対する仕事率)

3-7 除湿装置と加湿装置

●除湿装置

　除湿装置は、水分を吸着させる吸着剤を用いる場合もありますが、空調用ではほとんどの場合、冷房と同じ原理で空気中の水分を除去します。湿り空気を露点温度以下に冷却すると、空気中の水分が凝縮水として熱交換器のフィン壁面などに露となり付着します。

　したがって、冷房運転のときも同じ現象が起きます。冷房運転では、水分を除去しながら室温を下げていきますが、除湿運転では空気の温度を下げずに水分のみ除去するように工夫されています。除湿後の温度が低下した空気を電気ヒータで加温してから吹き出す方法もありますが、最近では再熱除湿方式（図3-7-1）が多く採用されています。

　再熱除湿方式とは、蒸気圧縮式ヒートポンプサイクルの凝縮器の放熱を除湿後の空気の加温に利用するものです。除湿専用の除湿機にもこのような回路が組み込まれています。

●加湿装置

　加湿装置は、表3-7-1に示すような方式があります。水を電気ヒータなどで加熱して100℃以上の蒸気にして噴霧する**蒸気式加湿**は、水道水の溶解物質や菌類が飛散しにくく、クリーンルームや病室、食品加工工場など清浄さと高精度な加湿が求められるところに多く利用されています。

　気化式加湿は、水を常温のまま蒸発させて気化蒸散させる方式です。美術館のガラスケースの中にコップに水が入れられておいてあるのを見かけますが、これは気化式加湿を利用しているものです。

　気化式加湿では、水の中に含まれる不純物が放出されることがほとんどないので、美術品を傷めずにすみます。他にも、家庭内、ホテル、オフィスなどで多く利用されています。水噴霧式加湿は、水を常温で微細な液滴にして噴霧させて蒸散させる方式です。

多くの場合、超音波発信器などを利用して微細な水滴をつくり出します。蒸気式加湿に比べて、温度が低いので、火傷などの心配がまったくありません。ただし、水の中の不純物や菌などが空気中に飛散してしまう可能性があります。キノコ栽培の栽培環境の調整用や、果物などの貯蔵における鮮度保持、繊維工場や製紙工場の品質管理用途などで用いられています。家庭用空調機では、室外の空気中の水分を吸着させて室内で還元する無給水加湿の機能を有しているものもあります。

図 3-7-1　再熱除湿ヒートポンプサイクル

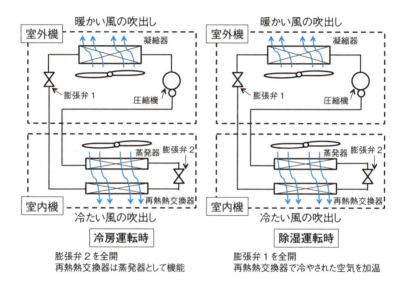

表 3-7-1　加湿方式の種類

加湿方式	加湿方法	特徴	主な利用
蒸気式加湿	水を電気ヒータなどで加熱し、100℃以上の水蒸気をつくり放出。	無菌、クリーン 高精度	クリーンルーム、病室、食品工場など
気化式加湿	水を常温のまま蒸発させて気化蒸散させる。	無菌、クリーン ランニングコストが安い。	オフィス、家庭、ホテル、美術館など
水噴霧式加湿	水を常温で超音波発振子など利用して微細な水滴に加工し噴霧させて蒸散させる。	水の中の不純物質が飛散する。低温で安全、静音。	家庭、食品加工工場、食品貯蔵、繊維工場、製紙工場など

3-8 フィルタ

●フィルタの種類

　空調機にて汚染物質の濃度を下げるには、新鮮な外気を取り入れる方法と、フィルタを用いて室内の空気に含まれる汚染物質を除去する方法があります。フィルタには最新の化学フィルタが採用されています。

　花粉やハウスダストを吸着させて除去することができます。また、コロナ放電を用いた電気集塵機を搭載しているものや、これらの両方を有しているものもあります。

　家庭用空調機は、吸入空気の除菌や脱臭を行うために、フィルタを搭載しているものが多いです。家庭用空調機の室内機の例を図 3-8-1 に示します。一般的に、役割が違うフィルタを何種類か搭載していることが多く、ここでは、2種類のフィルタがあります。実際には、さらにこれらの上から大きな埃などを除去する網状のフィルタが装備されます。

　最近では、フィルタの清掃を自動で行う空調機が主流となっています。また、空気汚染物質（図 3-8-2）を除去するだけでなく、積極的に有用な物質を放出する機能を有する空調機もあります。例えば、酸素付加装置を室外機に装備して、酸素濃度が高い空気を室内に送り込み、室内の酸素濃度を 21％に保つ機能を有しているものもあります。

●フィルタの機能

　近年のフィルタの技術進歩はめざましいものがあります。除塵と脱臭の他に、細菌や病原菌、ウィルスの除去や花粉の除去ができる素材が開発されています。また、抗菌・防かび処理がなされているので、長期間使用することが可能になっています。2.5 μm の粒子を 90％以上集塵できるものもあります。

フィルタに空気を通過させるとき、流動抵抗が大きいために風量が低下し、冷房または暖房能力が低下するという問題がありましたが、最近では風量の低下が少なくなっています。

図 3-8-1　家庭用空調機（室内機）のフィルタ

図 3-8-2　代表的な空気汚染物質の粒子径の例

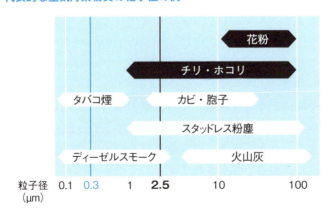

3-9 冷媒

●冷媒に求められる諸元

　冷媒に要求される特性は、化学的安定性、熱的安定性、物理的性質などです（表3-9-1）。冷媒が漏れて事故につながってはいけません。したがって、腐食性と毒性が低い必要があります。また、可燃性がないことも求められます。万が一冷媒が漏れても、自然発火しない程度の特性を有していなければならないのです。

　例えば、炭化水素系冷媒は爆発性がありますが、大気中に漏れたとしても、発火する濃度には至らない場合は冷媒として使用することが可能です。しかし、火事などの場合の安全確保などの課題があります。また、必要な能力を得るための圧縮比が大きくなると圧縮機の耐圧設計が難しくなります。

　したがって、用途に応じた運転条件に対して、沸点や蒸気圧、凝縮圧力などの物性面を確認する必要があるでしょう。また、寒冷地などで用いる場合は、凝固点なども注意が必要です。冷媒は、フロン系冷媒やフロン系冷媒の混合冷媒、アンモニアや炭化水素のように自然界に存在する自然冷媒なども用いられています。また、シリコンなどを用いた新しい冷媒も開発されています。

●フロン系冷媒

　フロン系冷媒は、それを構成する各元素の個数によって番号が付けられています。フロンはメタンやエタンが持つ水素原子の一部もしくは全部をフッ素、塩素などのハロゲン元素に置き換えたもので、この組合せによりいろいろな種類のフロンがつくり出されます。

　その系統は表3-9-2に示すようなものがあります。CFCsは水素分子がなく、メタン系、エタン系の中にあるすべての水素原子が塩素、フッ素のハロゲン族に置換された構造を持ちます。したがって、毒性も可燃性もなく不活性な安定物質です。

表 3-9-1　冷媒に求められる諸元

化学的安定性	不燃性	家庭用用途では必須。自然着火しない範囲の可燃性は容認される場合もある。
	低毒性	
	低腐食性	
熱的安定性		圧縮温度を上げることができ、COP を向上させることができる。
物理的性質	沸点と凝固点	用途にあった物性値の冷媒であること。比体積は圧縮機設計に影響する。
	臨界点と蒸気圧	
	蒸発潜熱、比熱	
	熱伝導率	熱交換器の設計に有利。
	その他	粘度や表面張力、比重などが良好であること。
その他		無色・無臭であること。 冷凍機油との相性（相溶性など）。

表 3-9-2　フロン系冷媒の系統

クロロフルオロカーボン (Chloro Fluoro Carbon : CFCs)	毒性、可燃性がなく不活性な安定した物質。
ハイドロクロロフルオロカーボン (Hydrogenated Chloro Fluoro Carbon : HCFCs)	CFCs よりも不安定な物質で、電気絶縁性や加水分解などの物性面で CFCs より劣る。
ハイドロフルオロカーボン (Hydrogenated Fluoro Carbon : HFCs)	塩素を含まないので、潤滑油などの油との相溶性が少ない。

　現在、CFCs はオゾン層破壊防止と温暖化防止の観点から、わが国では国際的合意の元に生産、使用が全廃されています。HCFCs は、CFCs よりも安定性が悪くなります。

　したがって、物性面で CFCs に劣るところがあります。しかし、大気中に放出されたとき、CFCs よりも不安定であるので、分解されやすく、オゾン層の破壊や温暖化に寄与する割合が CFCs よりも格段に少なくなります。

　しかし、CFCs と同様に地球環境問題の観点から HCFCs も生産と使用が規制されています。HFCs は塩素をまったく含まない物質です。塩素は毒性が高いことやオゾン層破壊や地球温暖化防止の観点からも敬遠されますが、

そういう観点からHFCsは良好な代替冷媒といえます。

塩素は蒸気圧縮式ヒートポンプに用いられる圧縮機の潤滑油との相溶性を助ける働きがあり、圧縮機の機械部の良好な潤滑とシール性を確保するために役立っています。HFCsは冷凍機油との相溶性が少ないことから、圧縮機の設計もしくは冷凍機油の選定を注意する必要があります。

現在、フロン系冷媒としてはHFCsかHFCsのいくつかの種類を混ぜ合わせた混合冷媒が広く用いられています。これらの関係を図3-9-1に示します。塩素とフッ素が多い最下層は安定的物質であるCFCsとなります。Hが多くなると可燃性が増します。塩素が多いと毒性が増します。

●フロン系冷媒の呼び番号

フロン系冷媒は、メタンやエタンがもつ水素原子（H）の一部または全部を、フッ素（F）や塩素（Cl）などのハロゲン元素に置き換えた人工化合物です。フロンは、構成される水素（H）、フッ素（F）、塩素（Cl）の元素の数によって世界共通の呼び番号が付けられています。

フロンの呼び番号は、基本的に"R"と3桁の数字で表します。例えば、「R12」「R113」「R22」といった表記をします（表3-9-3）。また、「HFC134a」のように、"R"の代わりに"CFC"や"HCFC"、"HFC"といったフロンの英語表記の頭文字を付けて示すこともあります。

⚠ 潜水艦と「フロン式冷凍機」

フロンは自然界には存在しない人工物質ですが、このフロンを冷媒として使った「フロン式冷凍機」が旧海軍の潜水艦に使われていました。潜水艦内では、弾薬庫での誘爆防止、食糧庫の冷蔵のほか、潜水艦の全居住区が冷房されていたそうです。そのきっかけは、当時の海軍少将の顧問の目に止まった「フロンは炭酸ガスによる冷媒よりも安全で冷凍機が小型になる」という米海軍の雑誌に書かれた記事でした。現在でも海上自衛隊の潜水艦は国内の大手空調メーカーの冷凍機と冷媒を搭載しています。

図 3-9-1 フロンの可燃性, 毒性の範囲

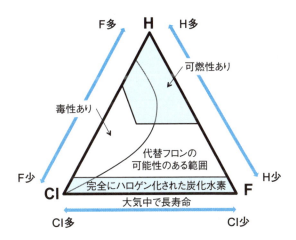

表 3-9-3 フロンの呼び番号の構造

冷媒名	種類	[Cの数]−1 [100の位の数字]	[Hの数]+1 [10の位の数字]	[Fの数] [1の位の数字]	備考
R22	HCFC	Cの数は1 1−1=**0** (メタン系)	Hの数は1 1+1=**2**	Fの数は2 **2**	Clの数は1 GWP=680
R12	CFC	Cの数は1 1−1=**0** (メタン系)	Hの数は0 0+1=**1**	Fの数は2 **2**	Clの数は2 GWP=6200
R113	CFC	Cの数は2 1−1=**1** (エタン系)	Hの数は0 0+1=**1**	Fの数は3 **3**	Clの数は3 GWP=2100
R134a	HFC	Cの数は2 2−1=**1** (エタン系)	Hの数は2 2+1=**3**	Fの数は4 **4**	Clの数は0 GWP=550

GWP (Global warming potential):温暖化係数と呼び、温室効果の影響度を示す。二酸化炭素の影響度を1としている。

3-10 配管・ポンプ・インバータ

●配管

　空調機で用いられる配管には水配管、冷媒配管、蒸気配管などがあります。**水配管**は、冷凍機や熱源機と、エアハンドリングユニットなどの熱交換器との間で冷却水や冷温水を搬送する際に使われます。**冷媒配管**はエアコン・冷凍機・熱源機などのヒートポンプ内にて冷媒を搬送するのに使われます。**蒸気配管**はボイラで上記をつくりこれを暖房に用いる際に、蒸気の搬送に使われます。

　これらの他にも燃料油、燃料ガス、給水、排水などを行う配管があります。

●ポンプ

　水の搬送に用いられる装置で、3-1節の図3-1-1では2か所にあります。モータなどの動力から水にエネルギーを与え高圧力にして流れをつくります。作動方式は大きくターボ型・容積型（表3-10-1）などがあり、空調機にはターボ型の渦巻きポンプ（図3-10-1）がよく用いられています。

　ターボ型は羽根車をケーシング内で回転させるタイプで遠心ポンプ・斜流ポンプ・軸流ポンプなどがあり、渦巻きポンプは遠心ポンプの一種です。

　容積型は往復ポンプ（ピストンタイプ）・回転ポンプ（歯車タイプ）などがありますが、粘性の高い流体（重油など）や高揚程などの用途に適しています。

●インバータ

　空調機の圧縮機、送風機、ポンプの主な要素はモータ駆動がほとんどです。現在は、このモータ駆動を省エネ性や利便性・信頼性の高いインバータ装置を使う場合が増えています（図3-10-2）。回転数を自由に変えられ、かつ精密なトルク制御が可能なうえ、電源電圧の変動にも対応できます。

表 3-10-1　ポンプの種類

ポンプの種類			
	ターボ型	遠心ポンプ	渦巻きポンプ、デフューザポンプ
		斜流ポンプ	渦巻き斜流ポンプ
		軸流ポンプ	
	容積型	往復ポンプ	ピストンポンプ
		回転ポンプ	歯車ポンプ、ベーンポンプ

図 3-10-1　渦巻きポンプ

渦巻きポンプ
出典：テラル株式会社 HP より

渦巻きポンプの構造

図 3-10-2　圧縮機のモータ駆動用インバータ基本回路

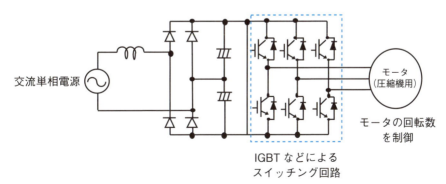

❗ 竪穴式住居の空調

　竪穴式住居は、単純な粗末な家に見えるかもしれませんが、実は自然エネルギーを熱として上手に利用しています。古来よりこうした試みがなされていたのです。

　竪穴式住居は、年間を通して良好な室温を得ることができます。地下の温度は深くなるほど温度変動が少なくなり、約 10 m でほぼ一定の温度になります。これは、安定的な地熱によるものです。竪穴式住居は、冬は暖かく夏は涼しい環境を得るのに丁度よいといえます。日本で発見されている竪穴式住居は北へ行くほど竪穴が深くなっています。さて、皆さんも地下室をつくりたくなってきませんか？

第4章

空調システム を選ぶ

　空調システムを選定する際は、空間の大きさや期待される温度などの用途によって、最適なシステムを検討します。環境保全や維持管理などの観点から優れた機器を選ぶことによって、地球温暖化などの環境問題の緩和に寄与するだけでなく維持管理費用の節約にもつながります。

4-1 規模による空調方式の比較

●規模による空調方式

　空調を行う空間の大きさ、設置する場所や用途によって、さまざまなタイプの空調機器があります（図4-1-1）。また、セントラル空調型のシステムや個別分散型のシステムもあります。

●家庭用空調機器（ルームエアコン）

　小規模スペースを空調するための機器で、一室型、多室型があります。室外機1台に対して、室内機1台から多数台までつなぐことによって、複数の部屋を同時に空調することができます。

　空調可能な空間の大きさについては、各メーカーから暖房能力と冷房能力が表示されたパンフレットが出ていますので、それらに沿って選定します。また、室内機に関しては、天井カセット形、天井埋込形、天井吊形、壁掛形、床置形など、部屋形状や機能に合ったデザインを選定します。

●業務用空調機器

　業務用の空調機器には、店舗・オフィス用、ビル用、工場・大規模スペース用などがあります。店舗やオフィスの設置に適した空調機器は、室外機と室内機が別々のモジュールからなるスプリット型や、ヒートポンプサイクルを一筐体の中に設置し、ダクトを使用して冷温風を室内に運んで空調を行う一体型があります。

　一体型は、室内機が室内になく修理サービス時には、店内にサービスマンが入室することがないことから、24時間営業のファミリーレストランや、コンビニエンスストアなどで採用されています。

　ビル用は、ビルの規模によって、室外機を連結してかつ1台の室内機に多数の室内機をつないで多数室を空調するマルチシステムがあります。工場・大規模スペース用では、マルチシステムの他、チリングユニットやターボ冷

凍機を空調機器と組み合わせたシステムがあります。

図 4-1-1　さまざまな空調機器

家庭用空調機器

店舗・オフィス用空調

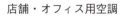

ビル用マルチシステム

一体型パッケージ型空調機器

工場・大規模用空調機器

機器の性能と性能表示

● JIS 基準

家庭用空調機器に関しては、JIS C 9612（2013）にさまざまな性能試験方法が規格化されています。

冷房能力試験は、JIS B 8615-1（2013）5.1（冷房能力試験）、暖房能力試験は、同規格の 6.1（暖房能力試験）に規格化されています。また、業務用空調機器の性能評価方法は、JIS B 8616（2015）（パッケージエアコンディショナー）で規格化されています。

●エネルギー消費効率（COP：Coefficient of Performance）

一定の温度条件で運転した場合の性能として、定格冷房、定格暖房時に消費電力 1 kW あたりの冷房能力、暖房能力を表したものです。

●通年エネルギー消費効率（APF：Annual Performance Factor）

エネルギー消費効率（COP）は、ポイントでの能力となりますが、実際の使用時には外気温度の変化により、冷房／暖房時に必要な能力や消費電力は変化します。

そこで、COP に加え、実際の使用時に近い状態での評価をするために、モデルケースを定め、年間を通じた総合負荷と総消費電力量を算出して効率を求める評価方法として APF を使用しています。

APF は、東京地区を条件に、店舗・オフィス用エアコンは「戸建て店舗」、またビル用マルチエアコン、設備用エアコンは「事務所ビル」をモデルとして年間の総合負荷を算出します。

JIS 規格での測定に基づく定格冷暖房能力、中間冷暖房能力に最小中温冷暖房能力、中間中温冷房能力、最大低温暖房能力を加えた 8 つの評価ポイントにより、年間の総合負荷に応じた消費電力量を算出し、APF を求めます。

業務用空調機器のうち、定格冷房能力が28kW以下のものがAPFの表示対象となります。APF表示は、JIS B 8616（2015）に基づいて行います。

図 4-2-1　COPとAPFの違い

$$COP = \frac{定格能力（kW）}{定格消費電力（kW）}$$

$$APF = \frac{冷房期間＋暖房期間で発揮した能力（kW）}{冷房期間＋暖房期間の消費電力（kW）}$$

表 4-2-1　各空調機器でのモデルケース

		店舗・オフィス用エアコン	ビル用マルチエアコン設備用エアコン
規　　格		JIS B 8616（2015）	JIS B 8616（2015）（JRA4002(2013R)）
地　　区		東　京	
建物用途		戸建て店舗	事務所
使用期間	冷房	5月7日〜10月17日	4月19日〜11月11日
	暖房	11月17日〜4月3日	12月3日〜3月15日
使用日数		週7日	週6日
使用時間		8:00〜21:00	8:00〜20:00

表 4-2-2　算出評価ポイント

冷房	定格標準能力
	中間標準能力
	中間中温能力
	最小中温能力
暖房	定格標準能力
	中間標準能力
	最小中温能力
	最大低温能力

図 4-2-2　業務用空調機器の性能表示例

形式	品番		電源（Hz）	能力（kW）					冷房定格運転時の顕熱比	COP				APF		電気特性					
				冷房		暖房				冷房		暖房		消費効率	通年エネルギー	消費電力（kW）					
	セット品番	室内ユニット		定格	中間	定格	中間	低温		定格	中間	定格	中間	冷暖平均		冷房		暖房			
		室外ユニット														定格	中間	定格	中間	低温	
4方向天井カセット形																					

4-3 耐用年数、更新性

●耐用年数

　減価償却費を計算するにあたり、空調機器の耐用年数は、国税庁が制定した「耐用年数の適用等に関する取扱通達」の制定によって、耐用年数が決められています。空調機器は、耐用年数省令別表第一に従って、3種類に区分されます。

　家庭用空調機器では、第2章　第7節「器具及び備品」—「冷房用又は暖房用機器」に該当し、耐用年数は6年となります。業務用空調機器では、第2章　第2節「建物付属設備」—「冷房、暖房、通風又はボイラー設備」に該当し、耐用年数は冷凍機の出力に応じ13年（冷凍機の出力が22 kW 以下のもの）、または15年（冷凍機の出力が22 kW 超のもの）となります。

●更新性

　空調機器は、耐用年数を超えた年数で設計寿命を設定していますが、機器を設置した場所の環境や稼働率などによって個々の空調機器で故障するタイミングは変わってきます。また、品質的な観点から、製品の故障に関しては、**バスタブ曲線**と呼ばれる曲線で故障率が変化すると言われています。すなわち**初期故障期間**は、製造上の欠陥などが現れる期間で、改善後、「偶発故障期間」として、偶発的な故障が発生し故障率が安定期に入ります。市場に出回る多く製品は、安定した故障率を保っておりますが、やがて、部品の寿命から**摩耗故障期間**を迎えます。この摩耗故障期間を予測して更新をするのがベストです。

　さらに、問題なく運転できる機器の場合でも、長年使用するに際し、省エネ性などの機器の性能が最新の機種よりも著しく劣る場合、運転費用の削減や温暖化対策として CO_2 を削減するための更新が考えられます。最近では、機器の劣化を防ぐ対策として、室内機内部を自動で掃除する機種や、機器をコーティングして汚れの付着を防止する工夫がされています。

表 4-3-1　耐用年数の適用などに関する取扱通達（国税庁）別表第一（抜粋）

種類	構造または用途	細目	耐用年数
建物附属設備	冷房、暖房、通風又はボイラー設備	冷暖房設備（冷凍機の出力が22 kW以下のもの）	13年
		その他のもの	15年
器具及び備品	家具、電気機器、ガス機器及び家庭用品（他の項に掲げるものを除く。）	冷房用又は暖房用機器	6年

表 4-3-2　通達本文　第2章　第2節、第7節（空調機器部分の抜粋）

（冷房、暖房、通風又はボイラー設備）
2－2－4　別表第一の「建物附属設備」に掲げる「冷房、暖房、通風又はボイラー設備」の範囲については、次による。（平20年課法2－14「七」、平23年課法2－17「四」により改正）
(1)　冷却装置、冷風装置等が一つのキャビネットに組み合わされたパッケージドタイプのエアーコンディショナーであっても、ダクトを通じて相当広範囲にわたって冷房するものは、「器具及び備品」に掲げる「冷房用機器」に該当せず、「建物附属設備」の冷房設備に該当することに留意する。
(2)　「冷暖房設備（冷凍機の出力が22キロワット以下のもの）」には、冷暖房共用のもののほか、冷房専用のものも含まれる。
（注）　冷暖房共用のものには、冷凍機及びボイラーのほか、これらの機器に附属する全ての機器を含めることができる。
(3)　「冷暖房設備」の「冷凍機の出力」とは、冷凍機に直結する電動機の出力をいう。

（冷房用又は暖房用機器）
2－7－4　別表第一の「器具及び備品」の「1 家具、電気機器及び家庭用品」に掲げる「冷房用又は暖房用機器」には、いわゆるウインドータイプのルームクーラー又はエアーコンディショナー、電気ストーブ等が該当する。
（注）　パッケージドタイプのエアーコンディショナーで、ダクトを通じて相当広範囲にわたって冷房するものは、「器具及び備品」に該当せず、「建物附属設備」の「冷房、暖房、通風又はボイラー設備」に該当する。

図 4-3-1　バスタブ曲線

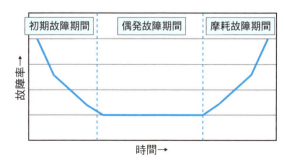

初期故障期間：
　初期に製造上の欠陥が現れる期間で、改善を進めるうちに故障率が下がってくる。
偶発故障期間：
　偶発による事故で故障率は安定している。
摩耗故障期間：
　部品の寿命などによって故障率が上がっていく。

4-4 費用と地球温暖化対策

●イニシャル費用

　空調機器そのものの費用と設置工事にかかる費用があります。空調機器のイニシャル費用は、空調スペースが大きくなるごとに、また、高性能の省エネタイプの機種、すなわち、高COP機器や高APF機器になるほど高価格となります。室内機の付加価値として機器の自動掃除機能や、加湿機能などが付帯しているものはさらに高価格となります。室内機は、多様な型があり価格もさまざまです。

　工事の費用は、設置場所によっても変わってきます。必要な室外機の個体数を確保したうえで、室内機との接続位置を配慮し、最適な設置をすることが必要です。配管が長くなれば、設置工事も複雑になり工事費用が増えるだけでなく冷媒量の追加も必要になります。大まかな価格は、空調設備の積算価格表で算出できます。

●運転費用

　高性能の省エネタイプの機種は、イニシャル費用が高価になりますが、運転費用は安価となります。また、建物の断熱性能によって、運転費用が大きく変わります。

　高断熱の建物ほど、空調機器から発生される温冷熱を建物外に逃がさないため、設定温度に立ち上がった後は、少ない運転で設定温度を保つことでき、運転費用も安価となります。メーカーのカタログに何年でイニシャル運転費用を回収できるかを掲載しているケースもあるので、選定の際に参考にするとよいでしょう。

●地球温暖化と運転費用

　運転費用はエネルギー起源のCO_2の削減につながります。空調機器の「材料調達」「製造」「流通」「使用（運転時）」「廃棄」「リサイクル」のそれぞれ

のステージでのCO_2排出量を算出すると、「使用」に関わるCO_2削減は90%を超え、運転費用削減がCO_2排出量削減にも寄与できます。

図 4-4-1　ビル空調設置例

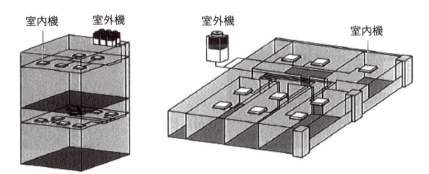

図 4-4-2　イニシャル費用と運転費用の関係（イメージ）

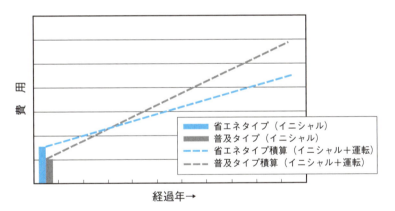

図 4-4-3　CO_2排出量のライフサイクルアセスメント例

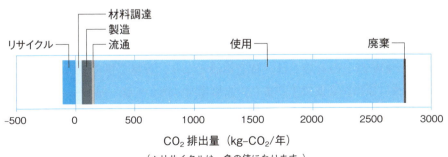

建物の調和と振動・騒音対策

●建物との調和

　空調機器は、その存在を感じることなく設置されているのが、ベストですが、空調機器のダクトなどを部屋のデザインのひとつとして、設置しているケースも見受けられます。空調機器は、室外機、室内機で構成されており、室外機は、建物の外観を壊さない色や形で構成しています。ビルなどでは、屋上に設置されていることも多くあります（図4-5-1）。特に色は、グレー、ベージュ、オフホワイトなど目立たない色が多く採用されています。近年では、性能とデザインを両立させ、少ないスペースで設置できる形なども工夫されています。

　一方、室内機は、部屋の中のいろいろな場所で使われるため、ビルや事務所では、部屋の内部に張り出さないよう、複数方向に気流が広がる**天井カセット形**が多く採用されています。

　設置する場所によって、例えば、部屋の中央に設置できずに壁に近い部分となる場合は、**天井吊形**などを採用しています（図4-5-2）。色に関しては、天井の壁紙などと調和した色が多く選ばれています（図4-5-2）。

　空調機器の美観を保つために、フィルターの掃除をこまめに行うことも必要です。これは、美観だけでなく、フィルターの目詰まりを除去し、空調性能を保持することにもつながります。

●振動・騒音対策

　振動・騒音に関しては、**振動規制法**および**騒音規制法**で、「圧縮機の原動機が7.5 kW以上のもの」は、特定施設となり、設置工事の30日前までに市町村長に届出が必要です。また、設置場所に関しては、屋上などで、周りに物件がない場合の設置であれば、振動・騒音の影響が少なくなるでしょう。

　多数の室外機が連結し、騒音が大きい場合は、防音壁（図4-5-3）やサイレンサーなどの設置が必要です。防音壁やサイレンサーなどは、専門に扱っ

ている業者がありますので、設置の最適形態を選定するとよいでしょう。

図 4-5-1　屋上の設置例

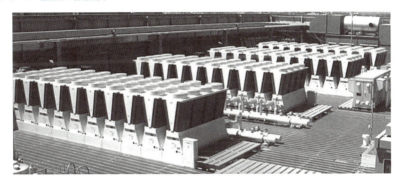

図 4-5-2　建物との調和例 [店舗用（左）、家庭用（右）]

図 4-5-3　防音壁設置例

4-6 LCA と地球環境防止

●ライフサイクルアセスメント（LCA）

　空調機器のみならず、エネルギーを使用する機器全般について、環境負荷を最小限に抑えた環境調和型製品を開発していく必要があり、機器のライフサイクルを考慮した設計が考えられています。すなわち、機器を構成する「材料調達」「製造」「流通（販売）」「使用（運転時）」「廃棄」といったそれぞれのステージで環境負荷低減を考えていくということです。

　その中で、空調機器は、「使用・消費時」に関わるエネルギーおよびCO_2排出量が大きく係わっており、エネルギー削減あるいはCO_2の削減を目指した開発が必要です。

　また、「材料調達」「製造」「廃棄」部分では、「資源の有効活用」が関わってきます。最近は、人の健康に起因する**化学物質管理**も製品の環境性能として考慮が求められています。

●地球温暖化防止に関する性能

　2014年度に発行されたIPCC（Intergovernmental Panel on Climate Change: 国連気候変動に関する政府間パネル）の第5次評価報告書では、「気候システムの温暖化について疑う余地はない」「20世紀以降の人為的な起源の温室効果ガスの排出が温暖化の原因であったことが極めて高い」とされています。

　また、同報告書の中で、地球温暖化対策を進めずに温暖化が最も進むというシナリオでは、2100年には、2.6℃〜4.8℃の気温上昇が予測されています。空調機器は、生活に使うエネルギー機器が排出するエネルギー起源のCO_2のなかでは、大きく排出量を占めています。

　したがって、機器の選定にあたっては、エネルギー起源のCO_2排出量に関わるCOPあるいは、APFといった性能評価指標値や、温暖化ガスを排出しない温暖化係数が低い冷媒を使用した機器を選定することも重要です。

図 4-6-1　ライフサイクルアセスメントの考え方

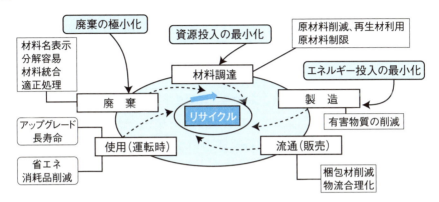

図 4-6-2　1986 年～ 2005 年平均に対する世界平均地上気温の変化（IPCC 第 5 次評価報告書）

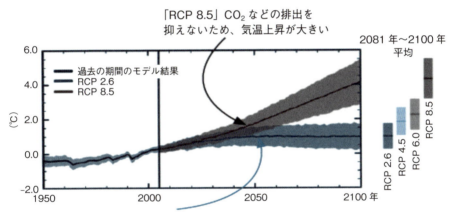

> IPCC 第 5 次評価報告書によれば、2081 年から 2100 年の世界の平均地上気温は、1986 年から 2005 年の平均よりも最少で 0.3℃、最大で 4.8℃上昇すると予測しています。陸地は海よりも気温が上がりやすく、北極や南極など極域の気温上昇が大きいとみられています。予測に 0.3℃～ 4.8℃と開きがありのは、温暖化対策の実施の仕方による「シナリオ」（仮説）が異なるからです。CO_2 排出削減などの温暖化対策を今以上に施さなかった場合の（もっとも温暖化が進む）「RCP 8.5」シナリオでは、2.6 ～ 4.8℃の気温上昇が予想されています。一方、可能な限りの温暖化対策を施した場合の（最も温暖化を抑えた）「RCP 2.6」シナリオでは、0.3 ～ 1.7℃と予測されています。
> 　　　　　　　　　　　　　　（環境省STOP THE 温暖化 2015より）

4-7 資源の有効活用と化学物質管理

●資源有効活用（3R：Reduce Reuse Recycle）

　空調機器を構成する部品は、金属、プラスチック、ゴムなどが使用されています。それらの部品の質量（kg）がそのまま資源の使用量となりますので、能力が同じなら、軽い製品が資源の有効活用をしていることになります（Reduce：リデュース）。空調機器では、機器そのもののリユース（Reuse）は、ほとんどありませんが、ビルなどでは既設配管を使用できる冷媒洗浄器具などがあります。

　リサイクル（Recycle）では、プラスチックの再生品を使用するケースが多く見られます。また、使用したプラスチックの材質を表示し、リサイクルしやすくすることも重要です。また、機器そのもののリサイクルを考えて易解体性を考慮した設計、ねじを極力少なくした設計などが求められています。

●化学物質管理

　国内の規格では、「電気・電子機器の特定の化学物質の含有表示方法 JIS C 0950（呼称：J-Moss）」があり、家庭用空調機器の化学物質の開示を求めています。鉛、水銀、カドミウム、六価クロム、臭素系難燃剤のうちPBBとPBDEの6物質について、対象製品ごとに除外項目を考慮したうえで、含有があるものは、オレンジの含有マークを添付します。また、**欧州 RoHS 規制**では、大型家庭用電気製品のカテゴリの空調機器について、上記の6物質のうち、カドミウムは100 ppm未満、その他の物質は1000 ppm未満の含有を規制値として定め、除外項目を除いた形で欧州へ出荷の際には厳しくチェックをしています。最近では、欧州以外の国でも**RoHS**に準ずる規制があります。

　また、**欧州 REACH**では、化学物質の開示と用途による禁止があり、高懸念物質と称する物質に対して、確認する必要があります。半年ごとに高懸念物質はリストに追加され、2015年12月時点では、168物質となっています。

図 4-7-1　再生プラスチック使用例

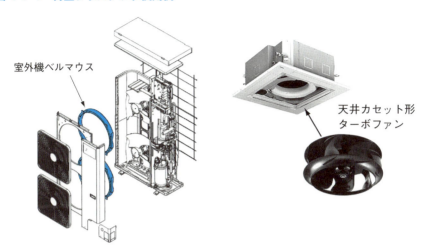

表 4-7-1　材質の表示の仕方

●各プラスチック材質の表示例（＊1）	●プラスチック再生材料の表示例（＊2）
PE：ポリエチレン	＞ PP（REC30）＜　CR
PP：ポリプロピレン	リサイクル材 30wt％以上を含むポリプロピレンでクローズドリサイクル（＊3）材だけを使用していることを示しています。
PS：ポリスチレン	
PET：ポリエチレンテレフタレート	

＊1：JIS K 6899 でプラスチック材質の略号表示が規程化されています。
＊2：一般財団法人家電製品協会発行の「家電製品のプラスチック等部品の表示およびリサイクルマークのガイドライン」で表示方法が記載されています。
＊3：ある製品の材料を同種の製品に使う再生手法のことで、「自己循環型リサイクル」とも呼ばれています。

表 4-7-2　J-Moss の情報開示例

大枠分類	Pb	Hg	Cd	Cr(VI)	PBB	PBDE
構造部品	○	○	○	○	○	○
冷媒系統部品	除外項目	○	○	○	○	○
圧縮機	除外項目	○	○	○	○	○
電気・電子部品	除外項目	○	除外項目	○	○	○
冷媒	○	○	○	○	○	○
付属品	除外項目	○	○	○	○	○

'○' は含有規制未満　'除外項目' は除外項目の含有があることを示す。

4-8 空調機器に関連する法規

●省エネ法

1979年10月に施行され、都度の改正を行っています。2009年4月からは、産業部門だけでなく民生部門においても省エネをさらに進めるために改正され、年間原油換算量で1500 kl以上を使用する事業者に対して「特定事業者」、同様にフランチャイズチェーンなどは「特定連鎖化事業者」として、毎年前年度のエネルギー使用量を経済産業大臣に報告し中期計画を提出する義務が課せられました。また、2015年4月には、「電気需要の平準化」を目的として、電気需要平準化時間帯に使用したエネルギーを1.3倍に換算して報告するしくみとなっています（図4-8-2）。

●フロン排出抑制法

2001年4月に施行されたフロン・回収破壊法が、2015年4月より、対象範囲が広がった形で**フロン排出抑制法**となり施行されています。フロン・回収破壊法では、使い終わったフロン使用機器のフロンの回収と破壊を義務付けていました。これに加え、フロン排出抑制法では、冷媒メーカーはより地球温暖化係数の低い冷媒の製造、機器メーカーはそれらを使用した機器の開発が義務付けられました。さらにフロン機器を使用するユーザーにも簡易点検に対してフロン排出を防止する法律となっています（図4-8-3）。

●グリーン購入法

2001年1月から施行された本法律は、第5条で「事業者および国民は、できる限り環境物品等を選択するよう努めるもの」となっています。空調機器は、「エアコンディショナーなど」という品目で、国が定める19分野のひとつとなっています。一方、製造／販売業者は、環境性能などの情報開示が課され、「トップランナー方式」で基準年でのトップの省エネ性能で設定され、それ以上の省エネ性能の高い機器しか販売できなくなりました。

図 4-8-1　部門別エネルギー起源二酸化炭素排出量の推移（出典：環境省）

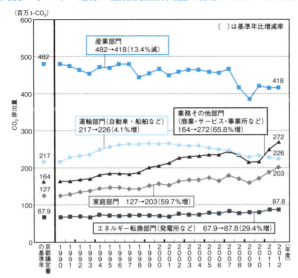

図 4-8-2　電力需要の平準化のイメージ（出典：資源エネルギー庁）

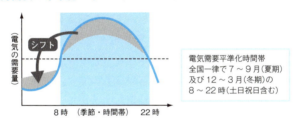

図 4-8-3　フロン排出抑制法（出典：環境省）

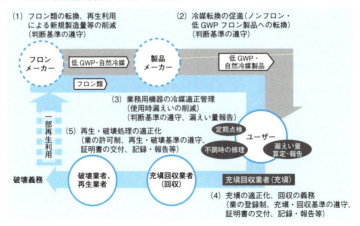

❗ 日本のエネルギー削減

　震災以降、エネルギーの削減需要が高まってきました。また、エネルギーの削減は CO_2 削減にもつながります。最近では、家庭、ビル、工場のエネルギーを管理するシステムが開発されており、エネルギーの削減に寄与しています。

　例えば、「BEMS：Building Energy Management System」では、ビル内に設置している空調機器、照明、エレベータなどの電力をモニタリングして、エネルギー削減のための最適な運転を探したり、運転のスケジュール化をして、ビル内の個別スペースの需要時間のみの運転を行ったりしています。

　また、デマンド制御として、目標電力を設定し、超過しないように自動で空調や照明を入切するなど積極的にエネルギー削減を行っています。

　さらに、それらを進化させた形で、経産省では、「ZEB：Net Zero Energy Building」という考え方に基づいて、2009年から研究会を立ち上げており、2015年12月にロードマップ検討委員会の報告が開示されました。これは、ビル内でエネルギーの削減とエネルギーの創造を同時に実現し、エネルギー使用量をゼロに近づけるべく、取り組んでいます。建物の断熱性能、機器の省エネ性、再生エネルギーの活用など、さまざまな分野が一丸となって日本のエネルギー削減を実現しようというものです。

　一方、工場や施設などでは、排熱を利用してエネルギーを再利用するための熱回収および熱再利用機器などが提供されてきました。例えば、温泉リゾート地などで排出されるかけ流し湯の温熱を回収し加温した後、冷泉の加温やシャワーに利用したり、食品工場における加熱・殺菌工程の排水から熱回収して再利用したりします。

　使用電力を削減したり、自然エネルギーを活用したり、熱を再利用したりして、限りあるエネルギーを最大限利用しながら、エネルギー削減に取り組むことは、CO_2 排出量を最小限に抑え、地球温暖化防止につながっていきます。

第5章

セントラル空調

　本章では、セントラル空調について、設計から工事までの実務に関係する理解のポイントを実例とともに理解しましょう。

5-1 システム設計のポイント

●コンセプトの設定

　建築物の施主（建物のオーナー）の意向を受けた発注者（使用を指示する人）が空調性能に何を求めているかを考慮し、その時代の背景により、省エネ性、ZEB（Net Zero Energy building）、環境物質低減など、主に環境性能に関わる内容をベースとしたテーマを決定します。機器の高効率化、未利用エネルギーの利用、冷媒問題、周辺状況などのさまざまな課題に対してどのように取り組むかを決めて、建築物の躯体設計との整合性、使用方法、空調関連機器のグレード選定など多角的に検討を行い、具体的な手順に落とし込めるように、発注者と協議して企画コンセプトを構築します（図5-1-1）。

●空調設備の選定手順

　発注者の求める要望やコンセプトにあっているかを確認しながら、システム全体のコストを考慮することも重要です。

1. 要望（与件）整理
　　建築物の用途および規模から諸々の要望事項を発注者と議論しながら落ちがないようにすべての要望をリストアップして確定します。
2. 概算値の計画立案
　　建築物の規模からエネルギー負荷を把握し、エネルギーとして何を使用するか、すなわち、電気・ガス・コージェネなど、システムを比較検討しながら発注者とさらに内容を詰めていきます。
3. 基本検討
　　使用エネルギーを決めた後、熱源システムを選択します。例えば、電気の場合でも、ターボ冷凍機やチリングユニットを採用するか、さらに個別分散を部分的に含めるかなども検討します。室内の空調を行う放熱側の機器や計装もこの段階で大筋を決定していきます。

4. 計画書作成

　実施設計を行う前提として、基本条件から機器配置などの設備図面、主要機器リストまでひとつの図書としてまとめます。加えて、機器を選定した根拠となる設計計算図書、加えて経済性、環境性の評価計算なども準備します。

図 5-1-1　コンセプトの設定

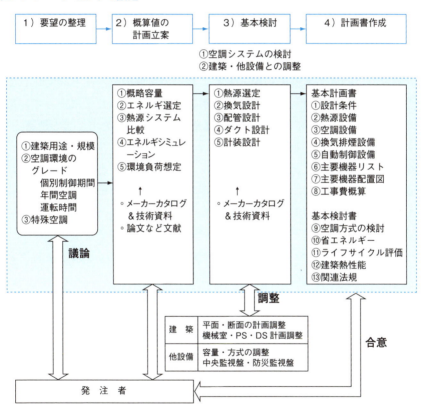

5-2 計装設計について

　空調システムを構成する熱源と放熱機器をトータルシステムとして運転するための必須な設計です。ON-OFFなどの人の操作をスタートとして、建物の用途を満足できるように、各種センサーを用いながら、室内の空調を行う放熱機器、熱源機器や弁類を動かす自動制御システムを組み上げ、計画書に添付します。

●必要な仕様の確定

　計装設計は、省エネ性の追求とともに複雑で理解困難なほど高度化しています。基本は、インバータを用いて、ポンプを運転することによって、循環水量の可変を行ったり、熱源は発生冷温熱量を可変にしたりして、最適化し、エネルギの無駄をなくします。

　室内の快適性維持とともに、トータルエネルギーを最小化するために、室内環境、ポンプの消費エネルギー、熱源の消費エネルギーをセンサーで検知します。実際には、冷温水配管の引回し、ダクト設計などを含め、すべての部屋の概要を把握し、下記に注意しながら仕様を確定させます。

1. 各種センサーやアクチエータの選定を行い、それぞれ必要個数を算出します。頭となるコントローラも選定します。
2. 工事ミスをなくすために、動作シーケンス図を作成して誰でもわかるように見える化を行います。

●オープンネットワークの構築

　建物の巨大化などで配線が複雑となり、DDC（Direct Degital Controle）と呼ぶネットワークが1980年代に登場しました。制御機器とアクチエータである空調・熱源機器の選定では、複数のメーカーを選定するケースが増え、各メーカー間で共通の言語を用いるオープンネットワークが小規模ビル空調の通信などに使用されています。ただ、工場のプロセス制御用のフィールドバスも含め乱立気味ともいえます。

図 5-2-1 空調計装システムの概要

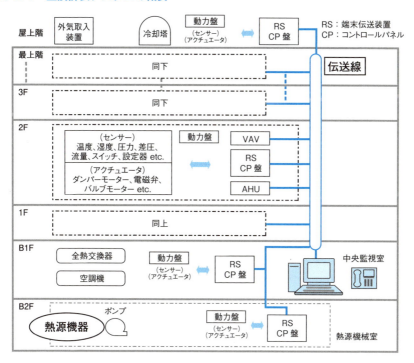

表 5-2-1 各種オープンネットワークの比較

	LoNWorks®	BACnet™	Modbus®	KNX®	CC-Link®	DALI
接続規模	中～大規模	大規模	小～中規模	小～大規模	—	大規模
主用途	BA	BA	FA、PA	BA、HA	FA	オフィス照明
通信媒体	TP、PL、RF、IR、CX、OF	4対TP 1対TP	1対TP	TP、PL、RF、IR	TP	独自
物理層	独自	10 base-T 100 base-TX EIA-485	EIA-485	独自	EIA-485	独自
通信速度	最大 1.25Mbps	10Mbps 100Mbps 100kbps (1200m)	100kbps (1200m)	9.6kbps (TP)	最大 10Mbps	—
通信距離	最大 2700m	イーサネット規格に準ずる EIA-485の場合は1200m (100kbps)	1200m (100kbps)	1000m (TPの場合)	最大 1200m	300m

BA：Building Automation　　TP：Twisted Pair　　CX：Co-axial
HA：Home Automation　　　 PL：Power Line　　　OF：Optical Fiber
FA：Factory Automation　　 RF：Radio Frequency
PA：Process Automation　　 R：Infar Red
LonWorks® は米国 Echelon 社の登録商標。
BACnet™：ANSI/ASHRAE i35-2004, A Data CommuniCa Project for Building Automation and Control Networks
Modbus® は Schneider E 社の登録商標。　　KNX® は KNX 協会の登録商標。
CC-Link® は三菱電機株式会社の登録商標。

5-3 周辺スペースの確保

　機器の配置などを設計する際に見落とされやすいのが、サービススペース、空気流路、搬入経路のような周辺スペースです。
　機器の大きさは図面からすぐに把握できますが、機械室の設置や屋上スペースの有効活用のために、周辺スペースを削減しすぎないようにする必要があります。

●サービススペース

　機器の図面にはほとんどの場合、サービススペースの記載があります。人が立ち入るため、さらにサービス時などに機器の内部の部品交換などに必要なスペースであり、必ず確保するようにします。
　何のためのサービススペースかを考慮することで、単に平面図上だけでなく高さ方向も含めて、複数の機器やダクトをメンテナンスするために、お互いのサービススペースを兼用するなどの工夫が必要です。
　最近は、3次元CADの普及で、視点角度を変えながらのシミュレーションもできるようになっており、よりきめ細かい検討ができるようになってきました。

●空気流路

　空冷機器の場合、熱交換のために機器内部へ空気の流れを取り入れる必要があります。機器の運転可能温度範囲の空気を、必要量を取り入れるだけの流路を確保します。
　外部から見えないように壁を設置するときはガラリ、もしくは下部に目立たないように隙間を設けます。また水冷機器でもインバータなどの発熱を有するパワー基板には、冷却のための空気が必要となります。

●搬入経路

　設置してしまえば不要となりますが、後々の搬出ともからむことを考えて、大形機器の場合は特に注意が必要です。機器図面にそのような寸法は載っていないので、忘れずに考慮します。搬入口は搬入後に閉じてしまう場合も多く、建物の躯体の進捗情報に合わせた早めの予定・計画提示が必要です。

図5-3-1　空冷熱源機器の周辺スペースの例

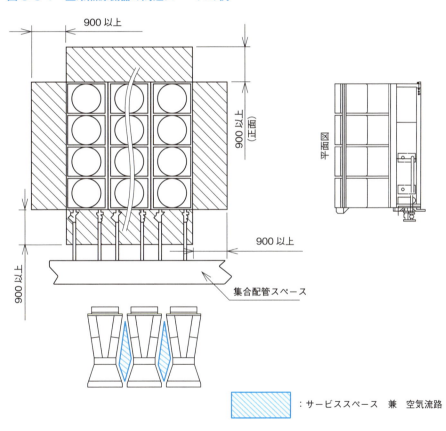

5-4 一般的な施工手順

●施工工程表（計画書）

　ビルなどの建物の設備設置工事には、さまざまな工事が併行して進行します。したがって、実際の工事は、施工する内容を具体的な図書にした施工工程表に従い施工します。施工工程表には、空調設備工事だけでなく、建物の躯体の工事はもちろん、衛生工事、電気工事、内装工事などについてのスケジュールや、準備工事（仮設工事）から引き渡しまでイベント（上棟式、通電、通水、完成検査、竣工）まで記載されており、様式は、建物の階別をベースとしたチャート図となります。さらに各々の工事区分別では、工事項目をベースとした週単位、月単位で施工計画書を作成し、互いの進捗状況、変更事項などを、逐次確認しながら工事を進めます。設計変更の際には、まず施工図面を修正し、進捗が遅れないよう計画見直しを行い、連絡ミス、内容の見落としがないように注意します。

●空調設備工事

　空調工事の一般的な手順は空調単独の横型棒状グラフで表されます（図5-4-1）。建物の躯体工事の進捗に合わせて大形機器(熱源など)の設置があり、ほぼ同期して空調機の設置をした後、スリーブ、各種配管、ダクト、断熱工事へと進みます。放熱側の工事はビルの階ごとに建物の躯体が完成する段階で順次進みますが、内装工事が始まるまでに終わらせます。電源などの電気・計装工事も内装が終わる前に終わらせ、電源投入に合わせて試運転調整を行います。

●安全衛生管理

　建設業全般に現場作業が多いこともあり、災害事故が発生しやすく、労働安全衛生法により厳しく管理されおり、現場での安全大会、朝礼での安全唱和などを行うことや災害発生時の届け出などが義務付けられています。災害

の発生は工事スケジュールの遅れにもなりかねず、施工手順を考える中で、まずは起こさないこと、起きた場合のことを想定したリスクアセスメントの実施や保険へも加入します。

図 5-4-1 設備全体の工程スケジュール

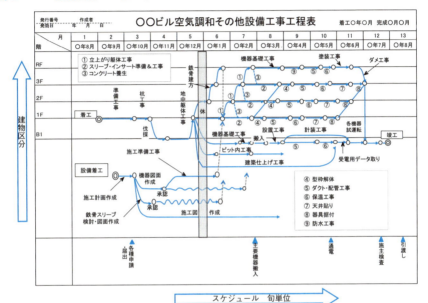

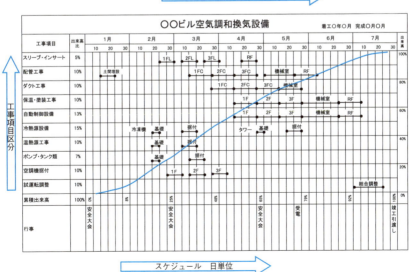

5-5 機器の設置（施工）方法

●搬入と据付け工事計画

　機器を設置するにあたっては、システムを構成する機器の特性を充分把握したうえで機器リストを作成し、各々の機器に最適な搬入・据付け工事計画を立案します。

　各機器共通の留意事項としては、機器そのもの仕様において、必要な電気容量の確保、必要とする部材・部品の材質の選定、防音・防振要否などの確認をします。

　一方、法的な対応としては、建築基準法、消防法、労働安全衛生法、各種環境保全に関する法律や条例など機器の設置に関する法規をあらかじめ調査し、それらの要求事項を満足するための環境を整えます。したがって、要求によっては、設置場所に対して防音や防振の工事などが必要となり、それぞれの機器を設置する前に準備しなければなりません。

　また、搬入時の手順に関しても、機器の配置図を充分考慮したうえで、機器搬入の順序を決定し、大規模な機器に関しては、搬入口および搬入経路をあらかじめ確保しておくことが必要です。例えば、機器がトラックなどで搬入される場合は、トラックの駐車場所と搬入口までの経路の確保も重要です。機器の搬入順序を充分に考慮していないと、後から搬入する機器が設置できなくなるなどのトラブルが発生する原因となります。

●熱源機器や空調機器の据付け

　熱源機器および空調機器の据付けにあたっては、機器の重量を考慮し、基礎部分の対重量性を確保し、据付け架台の設置は、機器を据付ける前に準備しておきます。機器を設置する際は、耐震のため、アンカボルトなどで確実に固定します。

　本体機器の設置が終わった後に、配管や配線の工事を行います。最短の配線、配管経路を考え、振動や騒音が発生しないルートを検討することも必要

です。また、排水管系の設置場所に電気配線が設置しないように配慮するなど、万一に備えての安全性の確保や、屋外に設置する場合には、耐食性を配慮したアンカボルト・ナット類を使用します。長期にわたり機器を管理していくために、清掃やメンテナンスが続けられるような十分なスペースを確保することも必要です。

図 5-5-1　機器の設置計画および工事完了までのフロー（例）

①設置する機器仕様の把握
・大きさ、重量、能力などの確認
・電力、水などの使用量の確認
・振動・騒音などの確認
・据付け場所の制約がないかなどの確認
・機器リストの作成

②機器に対する関連法規を調査
・建築基準法
・消防法
・安全衛生法
・各種環境保全に関する法律や条例
・据付け場所の制約がないかなどの確認

③仕様や法規遵守の観点から機器設置レイアウト図を作成
・仕様による設置場所の選定
・法規遵守による場所の選定
・据付け部品などの制約による場所の選定
・据付け場所の制約がないかなどの確認
・安全の確保
・機器搬入のルートの確認
・清掃・メンテナンスの考慮

④工事の計画立案
・事前準備計画立案（設置場所の基礎工事、架台作成）
・工事業者の選定と打ち合わせ
・機器搬入ルート、手順の作成
・工事スケジュールの作成
・施工検査のためのチェックリスト作成

⑤工事
・安全の確保
・機器搬入ルートの確保

⑥確認／完了
・施工検査チェックリストによる設置の確認
・試運転
・初期データ計測と確認

5-6 配管工事

●配管の種類

　空調設備の配管には、冷温水配管、冷却水配管、冷媒配管（個別分散の項を参照）、ドレン配管、給水配管、蒸気配管、ガス管、灯油配管があります。セントラル空調の場合、冷温水配管と冷却配管およびドレン配管、給水管が関係しており、扱う流体は主に水です。

　基本的に、流量により配管径を選定しますが、汚れの発生が危惧される場合には抵抗増などを考慮し余裕を持たせる必要があります。加えて用途によっては配管の呼称が多少異なったりするので、材質も含めて、強度、耐久性、耐食性、施工性、入手性、経済性などを十分考慮して選定する必要があります。

●配管の抵抗について

　配管の太さを決めるには、最大流量が流れたときの配管抵抗を計算し、配管圧力分布図により選定するポンプとの整合を取らなければなりません。主管から枝管へ分岐しますが、ポンプから近い枝管のほうが流れやすいので、末端にまで水を代表とする流体が届くようにポンプ揚呈を設計する必要があります。

　ただし、機器の内部抵抗によっては末端が抵抗最大とならない場合もあることから考慮が必要です。しかし、抵抗最大となる機器の流量調整弁まで閉める必要が生じるほどポンプ揚呈を大きくとりすぎた場合、搬送エネルギーのロスが生じます。

　特にインバータを利用した変流量の場合、揚呈を大き目にとる設計がされることが多いので、試運転時に分流調整に合わせて最大運転周波数の調整も確認することが必要です。

●配管の工事

　水配管は自在性が少ないので、伸縮を考慮した配管引回しと配管支持が求

められます。また、最終的に接続する部分には継手を、場合によってはフレキ継手を使用します。なお、閉鎖回路にはエア抜き弁、連成計、膨張水槽も忘れずに設置することが必要です。

図 5-6-1　配管の用途別種類

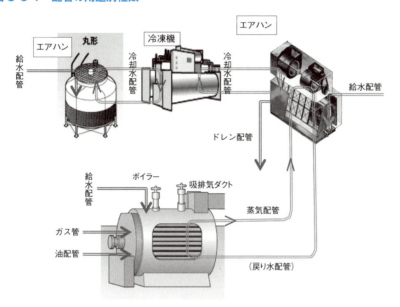

表 5-6-1　配管の用途別種類による流体と管の材質

用途		図示記号	流体種類	管の材質	備考
冷温水配管		CH CHR	水、ブライン	鋼管、ポリブデン管	
冷却水配管		CD CDR	水	ライニング鋼管、SUS管	
ドレン配管		—	水	塩ビ、ライニング鋼管	
給水配管		—	水	鋳鉄管、(鉛管)、塩ビ管、ポリエチレン管	
蒸気配管	高圧	—	蒸気（100 kPa以上10 MP程度）	SUS管、鋼管（スケジュール管）	主に暖房用
	低圧	—	蒸気（100 kPa未満）	SUS管、鋼管（黒ガス管）	
冷媒配管		RD RS	冷媒	銅管、SUS管	
ガス管		—	天然ガス、プロパンなど	黒ガス管、白ガス管	
油配管		O	灯油、重油など		

5-7 ダクト工事

ダクト工事は、設計施工図を元に製造して、工事を行います（図5-7-1）。

●ダクト材料

通常、鋼板が使われます。腐食防止や建築躯体を利用する場合も含めると、亜鉛メッキ鋼板、ステンレス鋼板、ガルバリウム鋼板、ポリ塩化ビニル板、コンクリートなどが使用されます。

●一般通則と断面寸法

ダクトを構成する装備は空気を汚染しないこと、変形しないこと、空気漏れが制限値以内であること、空気抵抗が少ないことに留意します。

ダクトの断面寸法は、長方形も円形も標準寸法を用いることが望ましく、長方形の場合は強度と圧力損失、加工性の面から、アスペクト比を1：4以下とすることが通例となります。それ以上の比の場合は補強材を利用します。

●ダクトの呼称と鋼板の厚さ

過去にはダクト内を通過する風速を基準として呼称区分（15 m/s 以下と以上）としていました。しかし、現在はダクト内圧力を基準として区分し、規格化されています［図5-7-1(a)］。同様にそれぞれの区分、材料によって、鋼板の板厚基準があります。亜鉛鉄板製の一例を表示しました［図5-7-1(b)］。

●その他の注意点

空調機とダクトの接続には振動、サービスを考慮してキャンバス材を使用することがあります。また、通常風量調整用ダンパ、風量測定口を設けます。

分岐・合流には、原則として割込み方式としますが、直付け方式もあります。ダクト内風速は 10 m/s 以下とし、吹出しは 3 m/s 以下とします。

騒音、漏れ、逆流防止、換気などの空気収支、防火区画など、留意事項は多岐にわたります。

図 5-7-1 ダクト工事

●工事例

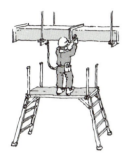

(a) ダクトの呼称と圧力範囲

ダクト内圧 による種類	常用圧力 [Pa]		制限圧力	
	正圧	負圧	正圧	負圧
低圧 ダクト	＋500 以下	－500 以下	＋1000	－750
高圧1 ダクト	＋500 を超え ＋1000 以下	－500 を超え －1000 以内	＋1500	－1500
高圧2 ダクト	＋1000 を超え ＋2500 以下	－1000 を超え －2500 以内	＋3000	－2500

注1) 常用圧力とは、通常の運転時おけるダクト内圧を言う。
2) 制限圧力とは、ダクト内のダンパの急閉などにより、一時的に圧力が上昇する場合の圧力制限を言う。制限圧力内では、ダクトの安全強度が保持されているものとする。

（出典：SHASE-S 010-2007 より抜粋）

(b) 鋼板製長方形ダクトの板厚

亜鉛鉄板製およびポリ塩化ビニルライニング鋼板製

ダクトの 圧力区分	低圧ダクト [mm]	高圧1 ダクト [mm]	高圧2 ダクト [mm]	板厚 [mm]
ダクトの 長辺	450 以下	—		0.5
	450 を超え 750 以下	—		0.6
	750 を超え 1500 以下	450 以下		0.8
	1500 を超え 2200 以下	450 を超え 1200 以下		1.0
	2200 を超えるもの	1200 を超えるもの		1.2

（出典：SHASE-S 010-2007 より抜粋）

●アスペクト比

アスペクト比：長方形の長辺と短辺の比
下記例の場合、4 あるいは 1:4 と表す。

400 mm × 100 mm

●分岐

標準的ダクトの分岐方法

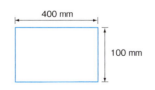

割込み分岐　　片テーパ付直付け分岐

5-8 計装工事

　機器類（中央監視・操作盤、温度・湿度検出器、電動弁・電磁弁など）を所定の位置に据え付けた後、それらを結ぶ配線工事を実施します。その際には「電気設備に関する技術基準を定める法令」および「電気用品取締法」、「内線規程」やメーカーが提示する据付説明に基づくことが必要です。

●温度検出器

　温度検出器（センサー）は、人でいう五感の視覚ともいえ、温度検出器で測定した値は、自動制御を行うための最も基本となるパラメーターです。水温と空気温度の両者があります。制御するための代表温度とするためには取付け位置の選定に特に留意する必要があります（図5-8-1）。

●配線工事

　機器間の配線は電源供給のための電源配線を除き、大部分が信号を伝える伝送線（電送線ではありません）です。伝送線に使用される電線には大きく3種類（図5-8-2）あり、さらにシールドの有りなしがあります。
　計測値を送る場合やオープンネットワークなどの通信の場合は、外部からのノイズ対策が必須であり、下記のいずれかの方法で対策します。
　① 電源線とは600 mm以上離すようにする。
　② 金属管に入れる。
　③ シールドのある線を使う。
　なお、金属管やシールドは一点アースをとることが望まれます。

●個別機器に使われているセンサーの有効利用

　マイコン（CPU）のような制御装置を搭載している個別機器には、機器を制御するための各種センサーが内蔵されています。最近の機種はセンサーデータを外部へ取り出せるようにしている場合が多くあります。そのデータを利用することで別置センサーを取り付ける手間を省略でき、さらにはきめ

細かく見ることが可能となることで省エネ性の向上に寄与します。

図 5-8-1　温度センサー取付け位置

(a) 空気温度(室温)センサー
　　部屋の代表温度、高さ1.2～1.5m　壁面

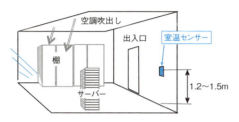

　影響　×：日射　棚などの障害物　出入口
　　　　　　サーバー等のOA機器　壁面温度
　　　　　　空調吹出し空気
　　　　　　……局所的な外乱の考慮

(b) 配管・ダクト内　水・空気温度
　　流体平均温度　合流温度

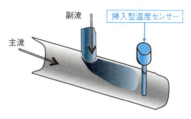

　影響　×：合流、曲がりの影響…温度分布の考慮
　　　　　　定格流量比　→　最大流量比での影響
　　　　　　(副流／主流)
　　　　　　メカ的留意点(密閉・サービス)

(c) 配管内　水・冷媒温度(間接)
　　流体温度

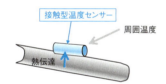

　影響　×：周囲温度、配管熱伝達(流速・抵抗)
　　　　　　温度変化速度　経年変化
　　　　　　……応答速度、周辺温度の考慮

図 5-8-2　計装用の配線の種類

(a)　平衡2線　　　　(b)　同軸ケーブル　　　(c)　ツイストペア

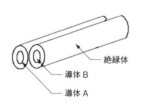 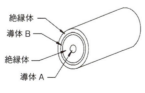 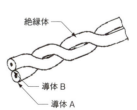

5-9 試運転調整

　施工された建築設備空調設備が、設計図書に示される機能・性能を発揮できるようにさまざまな運転をしながら調整し、各データを取得します。最終結果を性能検査成績書として個々の機器の試験成績表とともに施主に渡します。完成時の機能・性能を初期状態として担保しながら記録するもので、運用開始後の基準となるデータとなり、運用改善の目安にもなります。

●手順について

　確立された定型的な手順はないので、個々の機器について基本作動（電気絶縁、発停、振動、騒音など）をまず確認します。その後、システムにおける個々の機器の配線接続・アドレスに間違いないかの対向試験を行います。

　そのうえで、風量・水量のバランスを計装による機器連動・運転状態変化・安全装置の動作などと絡めて確認し、場合によっては制御パラメータの調整を行います。取得されたデータがメーカー技術資料などにより、外部環境による変動要因も加味した値を満足しているかどうかで正常に運転しているかどうかの判断を行います（表5-9-1）。

　最近の傾向としてインバータ駆動により、ポンプや熱源の能力が、空調機の発停や必要能力に応じて変化します。制御計測データには、外部要因などを含めた設定値に対し、インバータの運転周波数などの運転状態を記録しておく必要が生じます。インバータ制御熱源では、運転状態をセンサーのデータとともに出力できるように制御が組まれ、自己判断も可能です。

●省エネ運転のための調整

　熱源機器、放熱側の空調機の調整後のデータを利用して省エネ運転を行うかがポイントです。必要能力を正しく検知し、個々の機器の風量・水量、熱源を制御している状況から、発揮している能力を供給されるエネルギーで割り算した成績係数COP（Coefficient of Performance）が高くなるように調整します。

表 5-9-1　個々の機器における確認

	配管・ダクト・付属品	機器・装置	器　具
項目	管・継手・弁・ダクト・ダンパ・チャンバ・消音器 支持金物・固定金物・保温材 防食材料・塗装材料 接合材料・配線材料	冷凍機・冷却塔・ボイラ・熱交換器類（気体・液体） 油タンクなど ポンプ類・ファン類 空調機・放熱器類 制御装置 加湿装置・制御盤類	吹出し口、吸込み口、排煙口がらり、フードｍ、温度・湿度調節器など
通水試験 動作試験	●設計条件の達成の検証（機器運転時、および空調運転時） ①振動 ②騒音 ●一般的な確認事項 ①空気だまり ②ウォータスチームハンマ ③各弁・ダンパ類の操作、機械的円滑性 ④各弁類の完全止水性 ⑤ドレン排水状況 ⑥結露防止		●設計条件の達成の検証（器具単体の使用状態　→　調整で条件を満足させる） ①風量の確認・調整 ②吹出し方向の確認・調整 ③吹出し温度の確認・調整 ④応答時間の確認・調整 ⑤器具騒音の確認 ⑥器具振動の確認 ⑦空気清浄度の調査・確認
運転試験		機器運転時、および空調運転状態 ●設計条件の達成の検証 ①機器の作動（運転・停止・回転数・定格電流・温度・流量・温度設定・制御・異常などの表示など） ②熱源・熱交換器、放熱器の温度状態 ③運転騒音 ④運転振動 ●一般的な確認事項 ①電気的絶縁性 ②機器からの漏水 ③回転方向 ④燃料漏れ	●一般的な確認事項 ①器具の機械的円滑性 ②器具からの漏水・漏えい ③近隣への影響（排気の風向・清浄度など）

システムとしての確認

項目	空調・換気設備	熱源設備
性能検査	全数運転(全負荷)および個別運転時の検証 ①風量（給気・排気バランス）　⑤騒音 ②吹出し温度　⑥機器類の性能 ③室内温度・湿度　⑦制御の機能 ④室内残風速　⑧できばえ	全負荷および部分負荷運転時の検証 ①流量　④機器類の性能 ②圧力　⑤制御の機能 ③騒音・振動　⑥できばえ
	●設計条件の達成の検証 設計条件との照合 →調整で条件を満足させる	●建物使用開始時点の初期性能として、運転点を記録
システム適法性検査	●負荷などをかけることが困難な時期、状況においては、発注者と使用開始後の運転データなどを確認	
発注者が行う竣工検査		

5-10 維持・管理

● LCC(Life Cycle Cost)とLCM(Life Cycle Management)

　空調設備を維持・管理していくためには、LCC（生涯コスト）として、企画設計費、建設費、運用管理費、解体再利用費などを把握しておくとともに、保全費、修繕費、改善費を長期的に準備しておく必要があります。

　また、LCM（生涯管理）として、機能性、耐久性、資源エネルギー、地球環境負荷の項目に加え、保全性の管理項目として、保全費、修繕費、改善費が最小限となるような機器選定から施工方法を考慮していくこと、維持管理を継続的に進める部門を決めておくことも重要です。

●保守・点検

　それらの維持・管理の中で、空調設備やそれに関わる設備を継続的に保守・点検を行うことで、納入当初の機能を可能な限り維持することができ、修繕費や改善費を最小限にすることができます。

　機能が落ちないことで、運転効率の低減を防止でき、経済性や地球温暖化防止に寄与します。さらには建物の資産価値の確保にもつながります（図5-10-1）。

●日常点検と定期点検

　日常点検は、維持・管理を進める部門が実施します。例えば、フロンを使用した空調設備では、フロン排出抑制法でも決められている簡易点検として、3か月に一度以上、目視や聴覚による確認が必要です。

　異音や振動がないか、圧力に異常はないか、冷凍機油の漏れはないかなど点検者が専門知識を持たなくても簡単にできる点検項目をリスト化し、点検項目によって、毎日、週に一度、月に一度など点検頻度を設定し実施します。

　定期点検では、専門知識を要する者が点検します（表5-10-1）。フロン排出抑制法では、圧縮機の規模によって、点検頻度が決まっていますので、社

内に専門知識を持った者がいない場合は、空調機器を設置したメーカーのサービス部門や、定期点検を行っている会社との定期的な契約などをあらかじめ計画しておく必要があります。

図 5-10-1　日常点検の例

異音、振動などの確認

圧力異常などの確認

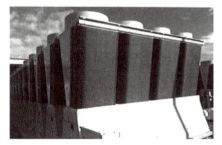

外観に関しての目視確認(油漏れなど)

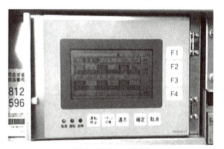

運転状況の確認

表 5-10-1　空調機器にかかわるフロン排出法の簡易点検と定期点検

点検名	点検実施者	機器の規模など	点検頻度
簡易点検	実施者の制限なし	すべての業務用空調機器	4半期に1回以上
定期点検	機器管理に十分な知見のある者	圧縮機 50 kW 以上	1年に1回以上
		圧縮機 0.75 kW 以上 50 kW 未満	3年に1回以上

❗ 只(ただ)の風

　夏の熱帯夜を思い浮かべてください。電気代を節約しようとエアコンの設定温度を28度と高めにして、家族全員で同じ部屋に寝ると、明け方、窓を開けたら外の方が涼しかった……なんて経験がありませんか。

　工場やビルやデータセンターなどの空調の中には、自動的に外気を利用するシステムがあります。屋内の発生熱を冷やすために熱源機を運転して冷房するわけですが屋内温度より屋外温度の方が低い場合は、屋外の空気をうまく利用すれば、熱源機の圧縮機を稼働せずに冷房ができ、省エネになります。

　その方法は「直接屋外からの風を導入する」、「エアコンの冷凍サイクル内で冷媒を圧縮せずにポンプで循環させる」、「水を屋外の冷却塔で冷やして屋内に循環させる」などさまざまです。これらは、「フリークーリング」という名称で世界的にも知られています。製品と設備費用が、若干高くなるので、広くは普及しておらず、限定的です。

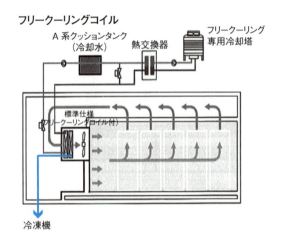

　一戸建ての家では、冬、家庭内の日の当たる暖かい部屋の空気を北側の寒い部屋に送ったり、屋根裏の暖かい空気を居室や床下に送ったりと、実質空調を行わないパッシブな使い方をする家もあります。

　夏の熱帯夜、朝方にエアコンを停止させ、窓が自動的に開いて風を取り込む案もあります。まさに只(ただ)の風ですね。

第6章

個別分散型空調

　本章では、個別分散空調の設備について、設計から工事までの実務に関係する理解のポイントを実例とともに理解しましょう。

6-1 システム設計のポイント

●コンセプトの設定

　個別分散型空調では、環境性能を考慮すべき点はセントラル空調と同様です。使用していない部屋を空調する無駄を排するという発想から生まれたビル用マルチ方式を採用しており、基本的に省エネ性の追求が大きなコンセプトとなります。また、セントラル空調の建物内の「水搬送」にあたる部分は、機器メーカーがシステムの一環として冷媒搬送経路を構築しています。冷媒系統は室内機をゾーン単位などで組み合わせて（グルーピング）、さらに設定温度に合わせてきめ細かく冷媒の流れ方をコントロールできるので、手元のリモコンで使用者が自分の意志で設定条件を変更することができます。冷えない、温まらないというクレームも少なく、システム制御のなかで快適な空調を実現できるという特徴があります。

●グルーピングについて

　グルーピングした同一冷媒系統内では冷房、暖房のどちらかの運転となるので、グルーピング内の場所では、冷房負荷と暖房負荷が同時に発生しないようにする必要があります。そのうえで、省エネ性・快適性などのコンセプトに合わせて、多数台の室内機をグルーピングして、室外機とつなぐかを考えなければならない（図6-1-1）ので、グルーピングは設計者の手腕が発揮される行程となります。

　例えば、空調負荷に対して過大な室内機を選択し、その合計容量に合わせた室外機容量を選定した場合、室内機は急激な温度変化によりサーモオフを頻繁に起こし室外機の運転容量がそのたびに変動します。そのために圧縮機がオン・オフを繰り返し、インバーターで能力調整を頻繁に繰り返したりすることで、運転効率が低くなります。

　さらに、多数の室内機や室外機をグルーピングした場合、同じ系統内で機器が故障した際に、その系統すべてのゾーンの空調ができなくならないよう

に、リスク分散を考えます。一方、少数の機器をグルーピングして、多数のグループをつくった場合は、系統が増えることで工事のコスト増大が考えられますので、最適なバランスでグルーピングすることが必要です。また、グルーピングにおいては、時刻別負荷を考慮して、グループ同士が同じ時間に負荷が発生しないようにすることで、室外機容量を圧縮でき、実運転時に効率の向上が可能です。

図6-1-1　室内機設置とグルーピング

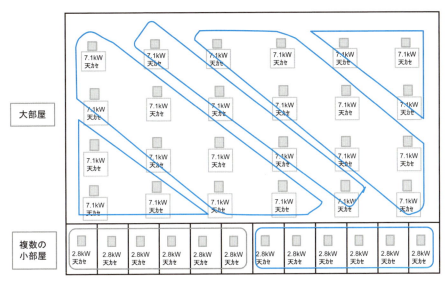

6-2 機器選定時の留意点

●室内形態・配置の検討

　室内形態は、天井埋込ダクトと天井カセット形の4方向吹出しタイプが主流です。10 m角の梁のスペースに56、71クラスの室内機を4台設置の考え方ベースの例が多いですが、部屋の形状や他の機器との設置位置に合わせて配置は変わります（前ページの図6-1-1）。また、大容量室内機にすると、風量が多くなることで、室内機の直下での騒音が高くなったり、気流を感じやすくなるので、注意が必要です。特に4方向吹出しタイプを選択した場合、中央の吸込みに対し周辺4方向に吹き出す形状なので、互いの影響を最小限にでき、部屋全体を複数の小部屋エリアと考えられるメリットがあります（図6-2-1）。天井埋込ダクトを各エリアに設置した場合は、互いの影響が想定され、エリアごとにダクト・吹出し口の位置を考えます。したがって、天井埋込ダクトの場合は、天井カセット形よりも大容量のものを選定し、吹出し口の個数と位置、吸込み口との位置を互いに影響しないように配慮しながら、部屋全体に気流が行き渡るような配置が必要です。

●負荷と能力

　負荷計算による最大負荷により室内機の能力ランクを選定します。その負荷計算方法には、空気調和・衛生工学会の「SHASE − S112」、公共建築協会編集の「建築設備設計基準」などがあります。負荷の内訳は、建物躯体依存負荷（外気温度、断熱性能、外気導入量、照明負荷）と人的変動負荷（在室人数、間仕切り）の2者に分けられます。前者は精度アップを図れる可能性はありますが、後者は設計段階では、条件が不明な場合が多く、機器選定には能力ランクの余裕度をとります。室外機容量の選定には、不明分も考慮しながら、人的変動負荷を平準化、同時発生負荷を考慮すること（図6-2-2）が必要です。

図 6-2-1　天井カセット形のゾーンごとの気流イメージ

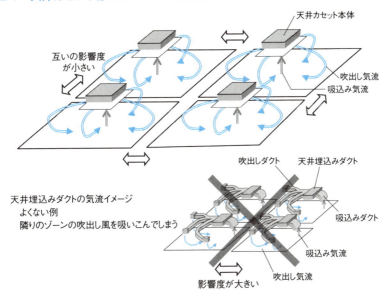

> ⚠️ **温熱感の不思議**
>
> 　夏の暑い日、通りのコンビニの自動ドアが開き、冷たい空気が体をなでるときに至福の快適感を得られませんか？
>
> 　オフィス空間では業務環境を整えるために、夏には冷房、冬には暖房があたり前ですが、長時間その中にいると体が慣れ、刺激に鈍感になります。
>
> 　ヒトの五感は絶対値センサーより相対値センサーが強いという論文もあります。特に香りセンサーはその傾向が強く、温熱感センサーも閾（しきい）値応答によるという相対センサー説があります。約20年前に自然の風モードをエアコンに搭載し、風速をゆらがせる機能がはやりました。同じ快適感を指標としたとき、自然の風モードの方がより省エネになったのです。
>
> 　今日では特にオフィス用エアコンは、風のない状態と風を感じる状態を選択できるように設計されていますが、前者の使い方が大半を占めています。
>
> 　さて、ヒトが温度や風の変化で暑さ寒さを感じる生き物であるなら、風速と温度と湿度を時間関数にて制御することができれば、もっと省エネになるかも知れません。

6・個別分散型空調

図 6-2-2 負荷パターンの例

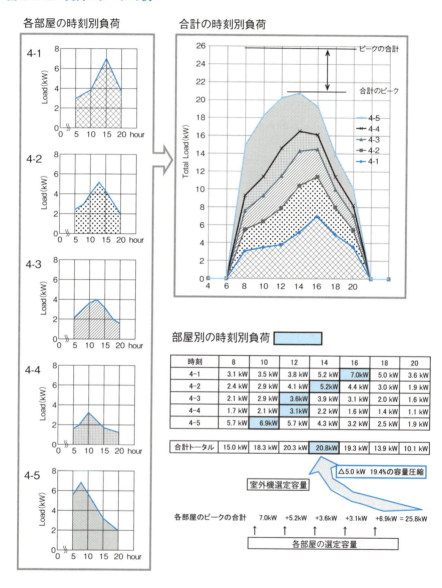

6-3 能力補正について

室外機の基本性能に対し、温度条件からくる熱交換器の効率の変化、配管からの熱ロスと配管抵抗、落差による圧力変化による能力変化を考慮した補正が必要です。また、室内機の合計容量、ダクトタイプにおいては風量による圧損の補正もあります（図6-3-1、図6-3-2）。

●温度補正

室内温度と外気温度があり、一般的に影響度の大きさから
　　　　冷房時特性：室内温度は湿球温度　外気温度は乾球温度
　　　　暖房時特性：室内温度は乾球温度　外気温度は湿球温度
を記載します。設計温度条件に乾球温度または湿球温度の記載がない場合は、乾球温度と考え、湿度を一般的なJIS条件の冷房室内60％、暖房室外85％を目安に乾球温度から湿球温度を推定します。冷房運転時の能力は室内温度が高く、室外温度が低いほど、また、暖房運転時は室内温度が低く、室外温度が高いほど出る方向になります。

●設置条件補正

室外機と室内機を冷媒配管で接続するので、配管を流れるときの圧損と熱リークの影響により、配管長が長くなるに従い能力が低下します。一方、室外機と室内機の設置位置の高低差による影響は、室外機から室内機、室内機から室外機へ移動するときの冷媒の状態が、液またはガスと異なり、冷房運転時・暖房運転時で位置エネルギーによる圧力差が生じるため、室外機と室内機の設置高低位置により補正値が異なることが想定されます。冷房運転時は、室外機を室内機より上部に設置した場合は、蒸発圧力は下がり気味となり能力は出る方向に、逆に室外機を室内機より下部に設置した場合は、蒸発圧力は上がり気味となり能力は下がる傾向になります。暖房運転時はその逆になります。冷房運転時に比較して暖房運転時は、冷媒温度と周辺温度の差が大きくなり、冷媒循環量が少なくなることで熱リーク量は増えますが、配

管を流れるときの圧損は小さくなり、その影響の方が大きく、配管長による能力低下の影響は少なくなると考えられます。

図6-3-1　補正係数（冷房例）

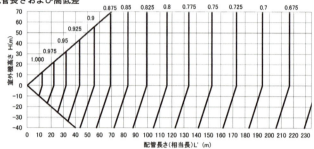

①配管長さおよび高低差

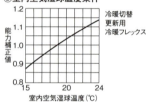

②室内空気湿球温度条件

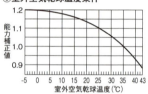

③室外空気乾球温度条件

図6-3-2　補正係数（暖房例）

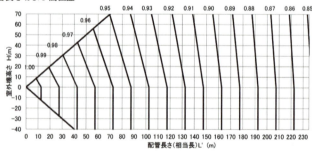

①配管長さおよび高低差

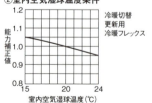

②室内空気湿球温度条件

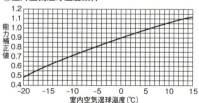

③室外空気湿球温度条件

6-4 外気処理

　最近は、窓のないビルが増えており、ビルそのものの気密性が向上している（第8章参照）ことから、強制的に外気を室内に導入する必要性が高まってきました。換気に関わる室内機の形態には、大きく2種類あり、各々特徴があります。

　これらは、定型的な名称がなく、各社名称がさまざまなので、機能から判断し、採用する必要があります。室内機の吸込み空気が外気のため、使用温度範囲が広く、室外機との組合わせや設置条件に制約があることや、冷媒の状態（気液）も管理していますので、最適な機器選定と設置が必要となります。ただし、個別分散型空調の場合、除霜、液冷媒の滞留現象などが生じやすくなるため、吹出し空気の温湿度の安定性は水搬送系のセントラル空調が勝ります。

●直膨コイル付全熱交換吸排気ユニット

　単に「外気処理ユニット」と呼称されたりする場合もあります。全熱交換ユニットで外気と室内空気の大半のエンタルピ交換処理を行い、直膨コイルで付加する能力を小さくして、省エネ性の向上を図ります。直膨コイルのない全熱交換ユニットに対して、全熱交換素子で室温に到達できなかった分の熱量、さらには気化式加湿の蒸発潜熱分を補え、冬季に不足しがちな湿度を維持するための加湿を補いながら室内環境の快適度を上げることができます。

●直膨外気処理ユニット

　「外気処理エアコン」、「給気ユニット」などの名称に加えて「外気処理ユニット」と呼称されることもあります。外気を室内空気に近い温湿度にするために、冷媒により直接空気を加減温する直膨コイルと、加湿器で調整して室内に供給する室内ユニットで、形態としては床置形または天埋め形のダクトタイプがあります。

本機種は室内の温調、排気は別機器を設置する必要がありますが、類似の機器に「オールフレッシュエアコン」があります。室内の温調も行うエアコンの機能を兼ねているかどうかが異なります。冷房運転の場合、吹出し温度を室温より 5 deg（度）から 10 deg 程度低くなるように設定されるので、同じ能力を発揮するには、直膨外気処理ユニットより風量が小さくなります。

表 6-4-1　外気処理用の室内ユニットの概要

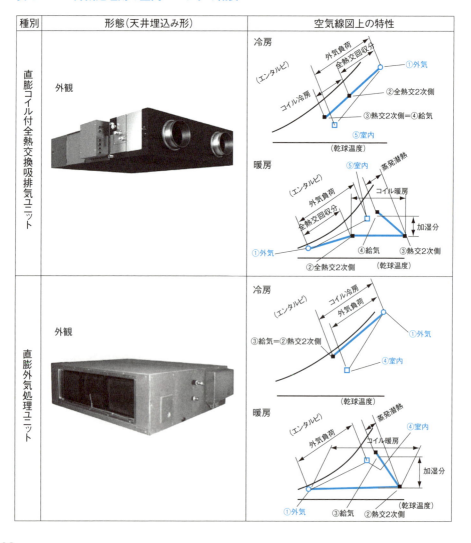

6-5 集中コントローラー

　多数台の室内機の操作や運用管理するための計装工事に、メーカー指定の集中コントローラーを使用することで以下のメリットがあります。
　①工事コスト低減
　②冷凍サイクルの特性を考慮した省エネ制御
　③機器のセンサーを利用した運転管理
　なお、操作・表示方法には次の3種があり、さらに制御台数による区分もあります（表6-5-1）。

●ボタン方式集中コントローラー

　昔からあるボタンと表示用の液晶の組合せのコントローラーで、コスト的には比較的安価になります。据付け場所の名称のような日本語の自在表記は難しいので、室内機は通し番号表示で、実際の設置場所との対応表を準備したりします。手元リモコンと同等の大きさ寸法や操作感覚で8台から64台の室内機を制御します。

● Web方式集中コントローラー

　コントローラーをパソコンにつなぎその画面で表示したり、ポインタを使用して室内機を選択したり、各種の設定変更についてキーボードで操作してモニタリングや室内機の制御をするものです。部屋名の日本語表示や実際に近い配置に操作対象をレイアウトすることで室外機を選択したりすることがわかりやすいのが特長です。

●タッチパネル方式集中コントローラー

　上記のパソコンがタッチパネル方式となったイメージです。画面での操作となり、パソコン画面より小さく指で操作する分、使い勝手の制約が出てきます。なお、操作にペンを使うこともあります。最近ではWeb方式との共用化が進んでいますが、同じ操作とはいかないようです。

表 6-5-1　集中コントローラーのバリエーション（例）

	代表的機種の外観・機能	
ボタン方式 集中コントローラー	（液晶／ボタン）	○ 室内制御台数：64 ○ 2つ口埋込 BOX 対応 　リモコン同等の大きさ
Web 方式 集中コントローラー		○ 室内制御台数：128 ○ 押しボタン方式ベースの筐体 ○ パソコン画面での操作 ○ 使用エネルギー分析ソフト付属
タッチパネル方式 集中コントローラー	（画面スクロール）	○ 室内制御台数：512 ○ 産業用タッチパネルコンピュータベース ○ アイコン、マルチタッチジェスチャー機能

❗ 乗り物の冷房設備

　バスの冷房には、「機関直結式冷房装置」と呼ばれる方式が使われています。バスが走行するための動力機関の力によって、冷房装置の圧縮機を駆動するものです。また、床下に設置した小型エンジンで圧縮機を動かす「サブエンジン方式」は、高速バスなどに採用されています。この方式は、直結式ではエアコン使用時にエンジンの性能がやや落ちることから開発されたものです。

　電車の冷房では、以前は、ディーゼルエンジンに発電機を組み合わせて冷房用の電源を確保する必要がありました。そのことが、車両の重装備化につながることから、冷房化が遅れた要因にもなりました。現在では、サブエンジン冷房と並行して機関直結式冷房装置が採用され、1車両ごとに冷房が可能になりました。

6-6 一般的な施工手順

　新築の場合の施工フローを図6-6-1に示します。機器の設置はフロアごとに独立しているので工程管理はセントラル空調に比べて単純ですが、建物の内装が終わる前に配線・配管工事や機器の据付けを終わらせます。また、電源投入前にできる作業と電源投入後でないとできない作業があり、電源投入のスケジュールを押さえておくことが重要です。ドレンポンプの排水確認、アドレス設定には電源が必要な場合もあり、その際には仮設の電源を引くことになります。

　更新の場合、既設の配管・配線の再利用ができるかどうかの確認が必要であり、また室内の養生などの工程の追加となりますが、リニューアルをフロアごとに行えるので、工程管理の単純化のメリットがさらに大きくなります。

●冷媒配管工事

　冷媒の流れる容量により配管径は異なります。配管径が細い場合は、ペアチューブや断熱チューブ付配管もありますが、多くの場合は、直管と接続管（エルボ）を使用して溶接によりつなぎ、その上から断熱パイプでカバーします。また、室外機に複数の室内機を接続するマルチ方式の場合は、複数の室内機を接続するための冷媒配管の分岐接続が必要で、メーカーの用意した分岐管を使用します。

●ドレン配管

　ドレン配管は勾配を確保することが前提です。特に天井カセット形の場合、ドレンポンプが内蔵されているので、室内機から出た直後においては、ドレンポンプを立ち上げることが可能です。水漏れを起こさないためには、すべての室内機のドレンポンプを同じ高さまで立ち上げた後に落とし、横引きドレン管につなぎます。さらに、水漏れが起きたときのために、横引きの高い場所にエマージェンシー（緊急対応継手）を設けることが望まれます。梁貫通などは建築工事と大きく関係するので工程会議などに提案しておく必要が

あります。

図 6-6-1　施工フロー

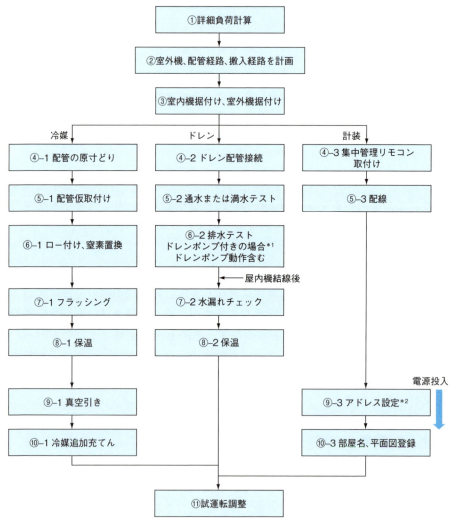

＊1：仮設電源もしくは電源投入後。
＊2：ディップスイッチなどの場合は電源投入前でも可能。

6-7 据付け(施工)時の留意点

●冷媒配管施工時の注意点

　冷媒配管や断熱パイプは冷媒温度や周囲温度変化により伸縮するので、つなぎ部分が離れないように接着剤で接続し、上からテープを巻きます。また、冷媒配管と、室内機および分岐管との接続部分も断熱材と室内機本体・分岐管の間に隙間がないように、室内機・分岐管に付属の断熱材とテープを巻き、結束バンドで固定します(図6-7-1)。

　ビル内の縦管については、主管の場合が多く、長く(最大90 m)太い配管を施工する必要が生じます。断熱材の表面のみの支持では断熱材を圧縮してしまったり、ズレが生じる恐れがあるので、配管自体で固定する支持材を用いますが、伸縮を吸収するため配管途中にクッション(図6-7-2)を入れながら、加重を受けるようにしないと配管が潰れたり、折れたりする可能性があります。

●機器の設置時の注意点

　セントラル空調と比べると比較的小形なものが多いですが、別売部品などのオプションも含めると数量が多くなるので手配漏れがないように確認します。特に室内機は、天井の内装をする前に天井裏に据え付ける場合が多く、リフターを準備する必要があります。

　あらかじめ加湿器、フィルターチャンバー、制御用インターフェースなどの室内機に取り付けるオプション部品を組み込む作業、分ダクト用ノックアウト穴やOA取入ノックアウトの穴開け作業があるので、それらの手順を確認して進める必要があります。図6-7-3にオプションの例を示します。

　ダクト接続タイプの室内機の場合は、ダクト工事も行いますが、吹出し温度がセントラル空調より低めとなるので、吹出し口なども含め結露に対する配慮を忘れずに行います。

図 6-7-1　冷媒配管と本体・分岐管の断熱材接合部

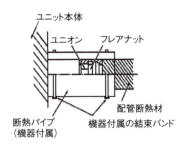

(a) 本体—断熱材

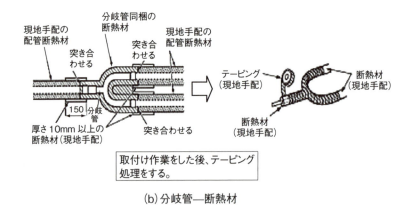

(b) 分岐管—断熱材

図 6-7-2　冷媒配管の伸縮を吸収するクッションの例

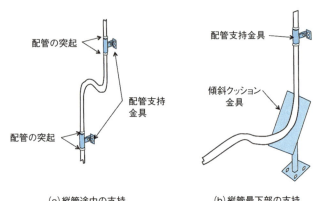

(a) 縦管途中の支持　　　　(b) 縦管最下部の支持

図 6-7-3 天井カセット形オプション部品（例）

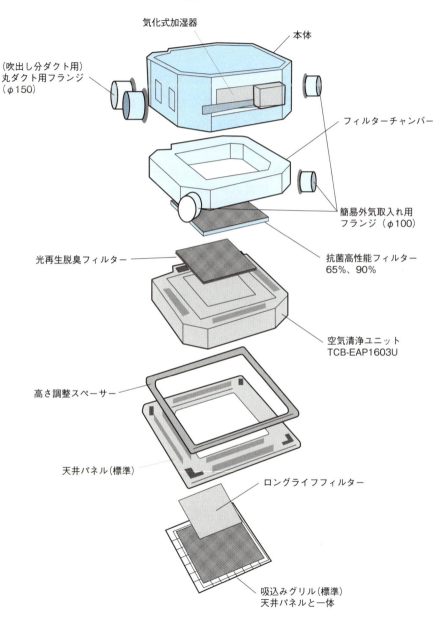

6-8 振動・騒音対策

●振動対策

　個別分散空調の室外機は、最大の加震源である圧縮機の容量が小さい分、セントラル空調の熱源と比べて振動は小さいのですが、振動します。また、ビルの屋上に機器を設置することを考えると、振動の伝播により建物内の居住域に影響がないように防振対策を行うことは必須です。防振方法は、一般的に防振架台を使用します。機器の振動レベルと伝達損失レベルを加味して建物への影響を計算して選定します。事前に、設計計算図書の中の表6-8-1のような防振計算書が使われます。なお、伝達損失レベルは加振周波数により変わるので、インバーター機器の場合、圧縮機運転周波数での計算が必要です。

　室内機には送風機が加震源となります。送風機は、モーター容量が小さく、機器内部におけるモーター支持に防振ゴムが使われ、外部に対して振動の影響はほとんどないと考えられます。ただし、極めて小さい振動でも影響のある特殊作業を行う部屋が上の階にある場合は、吊ボルトの途中に吊形防振ゴムを入れるなどの対応が必要です。

●騒音対策

　室外機については、敷地境界線上での騒音値を確認して、騒音規制法、各自治体の騒音防止条例の許容値を満足するように、室外機の設置位置や防音設備の設置を検討します。

　室内機は、部屋の用途により騒音許容値が異なるので（表6-8-2）、用途に応じて能力ランク、形態を選択します。天井埋込み形のダクトの場合は、室内機の発生する音に対して、ダクトによる消音対策をするための計算を行い、室内騒音低減策を講じることが可能です。天井カセット形を含む露出取付けの形態の場合、消音対策は難しいことから、設計当初から機種選定の段階で許容値を満たすように検討します。

表 6-8-1　防振計算書例（室外機）

対象機種		機器及び架台					防振材					結果	
機種	加振周波数	質量				型式	ばね定数	個数	支持荷重の確認		有効たわみ	固有振動数	振動絶縁効率	伝達損失レベル
		機器	上部架台	付帯品	合計									
	f [Hz]	M_1 [kg]	M_2 [kg]	M_3 [kg]	M [kg]		K [N/mm]		$M \times 9.8$ [N] $\leq$ 許容荷重		δ [mm]	f_n [Hz]	S [%]	TL[dB]
東芝キヤリア MMY-MAP2245HR 製品型番TCB-SK2801NA	45.00	243.0	15.0	0.0	258.0	NS250-65	42.2	6	2528.4 $\leq$ 3822 OK		10.0	4.99	97.44	-31.82

(インバータ運転周波数　← 45.00)

備考
(1)上表の振動絶縁効率 S は垂直方向に限定し、算出しています。
(2)右記計算式は、1自由度振動理論に基づいています。
(3)算出された数値は、四捨五入し表示しています。
(4)計算結果は理論上のものです。
　　防振効果を保証するものではありません。

計算方法　　　　　　　　　　　　　　　　　　　　　　　　（SI単位系）
1.加振周波数 $f : \dfrac{rpm}{60}$
2.合計質量 $M = M_1 + M_2 + M_3$
3.有効たわみ $\delta = \dfrac{M \times 9.8}{K}$
4.固有振動数 $f_n = \dfrac{1}{2\pi}\sqrt{\dfrac{g}{\delta}}$
但し、gは重力加速度で9800(mm/s²)

5.振動伝達率 $\tau = \dfrac{\sqrt{1+\left(2\zeta \dfrac{f}{f_n}\right)^2}}{\sqrt{\left(1-\dfrac{f^2}{f_n^2}\right)^2+\left(2\zeta \dfrac{f}{f_n}\right)^2}}$

　スプリングの場合　減衰比 $\zeta = 0.10$
　ゴムの場合　減衰比 $\zeta = 0.15$
6.振動絶縁効率 $S = 100 - |\tau| \times 100$
7.伝達損失レベル TL は振動伝達率をデシベル評価したものです。
　$TL = 20 \log \tau$

表 6-8-2　部屋の用途による騒音許容値

室名		NC値			室名		NC値		
		低	平均	高			低	平均	高
庁舎	大臣室、次官室	25	30	35	学校	教室、図書室	30	35	40
	会議室（高級）、応接室	25	30	35		研究室	35	40	45
	高級室	30	35	40		ホール、廊下	35	45	50
	会議室（一般）	30	35	40	劇場	録音スタジオ	20	～	25
	事務室、製図室	35	40	45		コンサートホール	20	～	25
	ホール、廊下	35	40	45		舞台劇場	25	～	30
	資料室、計算室	40	45	50		ロビー	30	35	40
事務所	重役室、会議室（高級）	25	30	35	住宅	個人住宅（郊外）	20	25	30
	高級室、応接室	30	35	40		個人住宅（都市）	25	30	35
	事務室	35	40	45		アパート	30	35	40
公共機関	公共図書室、裁判所		35	40	食堂	レストラン	35	40	45
	音楽堂		35	40		食堂	40	45	50
	銀行、郵便局		35	40					
病院	病室、手術室、診療室		35	40	体育館	大演技場（アリーナ）	30	～	45
	待合、廊下、検査室		40	45		体育館	35	40	45
	ホール、ロビー		45	50					

備考　普通騒音計A特性のオールバンドによる騒音値は、通常、上記NC値に5から10 dB（A）程度を加えた数値となる。

出典：建築設備設計基準、一般社団法人公共建築協会

6-9 試運転

　電源投入後に冷媒追加も行いながら機器が正常に動くことを確認するために試運転を行います。図 6-9-1 の手順に従い、室内機 1 台ごとに、リモコンや集中コントローラーとの連携について、さまざまな操作により確認します。施工工事が正しく行われているかの最終チェックであり、長く使用する設備という認識のもと、現場でできる範囲で、後々まで残す初期データを整備することが重要です。

　実際の手順は据付け説明書によります。据付け説明書は、個別機器としてのものが多いので、多数台を設置する場合についての補足や各種アドレス設定などは、メーカーが専用資料を準備しています。試運転を確実に行うために、採取するデータを記載する試運転チェックシート（表 6-9-1、表 6-9-2）により実施します。施工業者によっては独自の定型フォーマットを準備している場合もあります。

　このような試運転は、通常は設置工事を行った施工業者が行いますが、各種アドレス設定をメーカーに委託する場合もあります。なお、アドレスには、冷凍サイクルの制御のためのものと、集中管理用の個体認識のためのアドレスがあります。

●試運転を補佐するさまざまな機能

　ビル用マルチ方式のシステムは、冷凍サイクル制御のためのセンサー、アクチュエーターを数百個のオーダーでもっており、運転時のデータを採取することで、ゲージなどの専用測定器を使わないで、冷凍サイクルの温度や圧力などの運転状況を確認するための専用機器も、サービス用に準備されている場合がほとんどです。その専用機器は、各々のアドレスに対応する室内外機器の確認機能、室外機から室内機ごとのリモート操作機能、動きが解りやすいようにインバーターの容量可変を制限する試運転専用モードの搭載、冷媒自動チャージなどの各種機能も有していますがメーカーへの確認も必要です。

図6-9-1 代表的な試運転手順

電源投入前確認

制御通信線は正しいか？またつながっているか
ブレーカー容量は正しいか
電源線の線径は正しいか
アースはとってあるか
絶縁はとれているか
電源電圧は大丈夫か
バルブは全開となっているか
気密試験、追加冷媒は準備できているか
室外機の設定などの事前作業は終了しているか
機器配置図面、集中管理用アドレス一覧、設定用ファイルの準備

元電源の投入

室内電源の投入
室外電源の投入
真空引き・冷媒追加

アドレス設定

室外機との通信のためのアドレス設定（自動の場合もある）
集中管理用アドレス設定
アドレスの重複のエラー表示が出ていないことの確認
終端抵抗の設定は終了しているか

総合試運転　　　　冷媒1系統ごとに行う

送風運転確認…　　　所定アドレスどおりになっているか
　　　　　　　　　　風の出ていることの確認
　　　　　　　　　　異常音のないことの確認
冷房試運転…　　　　室内1台ごとに冷風の出ていることの確認
（強制試運転モード）→（目安としては8℃の温度差）
　　　　　　　　　　全数運転で冷風の温度差が出ているか
　　　　　　　　　　電源電圧の再チェック
　　　　　　　　　　運転電流が正常であることの確認
　　　　　　　　　　冷媒の高低圧の確認
暖房試運転…　　　　室内1台ごとに温風の出ていることの確認
　　　　　　　　　　　　→全数運転
　　　　　　　　　　運転電流が正常であることの確認
　　　　　　　　　　冷媒の高低圧の確認

表 6-9-1　試運転チェックシート室外機の例（1）

No.

点検日　　年　　月　　日	点検者		冷媒種類	
物件名（ビル名）				
系統名				
機種名 （　）内は組合せユニット	（機番　　）			
	A（形名：　　　　機番　　）、B（形名：　　　　機番　　）			
	C（形名：　　　　機番　　）、D（形名：　　　　機番　　）			
設置場所				
冷媒配管長　　　　m	φ22.2:　　　φ19.05:　　　φ15.88:			
	φ12.7:　　　φ9.52:　　　φ6.35:			
冷媒追加量　　　　kg				

	点検項目		点検方法	基　準	組合せユニット A	B	C	D	判定
絶縁	圧縮機	MΩ	500Vメガにて測定	1MΩ以上					
	ファンモーター	MΩ							
	電源回路	MΩ							
電源系統	電源ブレーカー	A	目視	規定容量					
	配線接続	−	目視	抜け・緩みなきこと					
運転データ	電源電圧　停止時 　　　　　　V	R-S	各相間をテスターにて測定	定格電圧±10%					
		S-T							
		T-R							
	運転時 　　　　　　V	R-S							
		S-T							
		T-R							
	運転電流	A	クランプメータにて測定						
	外気温度	℃	温度計にて測定						
	吸込空気温度	℃	温度計にて測定						
	吹出空気温度	℃	温度計にて測定						
	高圧圧力	MPa	圧力ゲージにて測定						
	低圧圧力	MPa	圧力ゲージにて測定						
	圧縮機吐出温度	℃	表面温度計にて測定						
	圧縮機吸込温度	℃	表面温度計にて測定						
その他	送風機まわり		目視	障害物がなきこと					
	送風機		回転方向	正方向					
	異音・振動		聴感、接触により確認	異常なきこと					
	外観目視		破損、汚れ等の目視	異常なきこと					

表 6-9-2 試運転チェックシート室内機の例（2）

No.

点検日	年 月 日	点検者		冷媒種類	
物件名（ビル名）					
系統名					

	点検項目			実測値	判定
絶縁	ブレーカー2次側	500Vメガにて測定	1MΩ以上		
電源系統	電源ブレーカー　A	目視	規定容量		
	配線接続　　　　－	目視	抜け・緩みなきこと		
	電源電圧　運転時V	各相間をテスターにて測定	定格電圧±7%		

No.	設置場所	点検方法／基準／形名（機番）		点検項目					判定
				吸込／吹出℃	温度差℃	運転音	温度調節	ファン回転・ルーバー動作	
				温度計にて測定	計算	騒音計にて測定	目視	目視	
				温度差　冷房8~10℃ 暖房15~20℃	カタログ値＋α	動作のこと	動作のこと		
1									
2									
3									
4									
5									
6									
7									
8									
9									
10									
11									
12									
13									
14									
15									
16									
17									
18									
19									
20									
21									
22									
23									
24									
25									
26									
27									
28									
29									
30									
31									
32									
33									
34									
35									

6・個別分散型空調

6-10 日常点検と定期点検

設備機器の長期的な使用に欠かせないのが点検チェックです。ユーザーが行う日常点検と専門業者の行う定期点検があります。

●日常点検

点検項目については、室内機に内蔵されるフィルタの汚れ具合の確認程度のチェックを想定していますが、冷房や暖房の効き具合は、運転効率にも影響するので確実に行います。また、国交省の建築保全業務共通仕様書では、冷媒の高低圧、吐出し温度、吸込み温度などのチェックを求めています。インバーターを利用したビル用マルチ式の場合、運転状況が変動するので、データ取得には工夫が必要で、さらに専用の計測機器を取り付けなくてもリモコンなどでも目視できるようになっている場合もあるので、取扱い説明書で確認します。

●定期点検

専門業者へ依頼する点検です。シーズンイン、シーズンアウト時に行い、室内機や室外機の機内の汚れの洗浄や、電気系統の部品や通信状況などの確認が主な内容です。

最近は、日常のデータ確認もかねて遠隔監視をメンテナンス契約に含める場合も増えています。運転状態をメーカーの監視センターで管理し、日常点検に相当するデータを蓄積しながら、故障発生を早期に把握し対応することを目的としています。国交省の建築保全業務共通仕様書の点検項目を遠隔監視で採取した場合の例を表6-10-1に示します。蓄積されたデータは性能評価への活用、さらに性能的な劣化が始まっていないか、耐用年数に達していないかの判断や、省エネ性の向上のための運用改善など、専門家からの提案にもつながります。

表 6-10-1 建築保全業務共通仕様書による点検項目

目安 高圧 3.5 MPa 以下（R410）
コンア電流、吐出温度、吸込温度は、1日の平均

PAC1-1-2

日付	曜日	室外機	外気温 平均 ℃	高圧 最大 MPa	高圧 平均 MPa	低圧 平均 MPa	圧縮機1 コンプ電流 A	圧縮機1 吐出温度 ℃	圧縮機1 吸込温度 ℃	圧縮機2 コンプ電流 A	圧縮機2 吐出温度 ℃	圧縮機2 吸込温度 ℃	圧縮機3 コンプ電流 A	圧縮機3 吐出温度 ℃	圧縮機3 吸込温度 ℃
2月25日	火	1													
		2													
		3													
		4													
2月26日	水	1													
		2													
		3													
		4													
2月27日	木	1													
		2													
		3													
		4													
2月28日	金	1													
		2													
		3													
		4													
	土	1													
		2													
		3													
		4													
	土	1													
		2													
		3													
		4													
	土	1													
		2													
		3													
		4													

6・個別分散型空調

トータルに先端商品を理解できる技術者

　ビル用マルチ式のシステムを建物に組み込む場合、建築分野、機械分野、電気分野などさまざまな分野の技術が必要となります。例えば、コンセプト性や時定数の早い順、技術のあいまいの度合は、以下のように影響があると考えられます。

　　　コンセプト性　　　　　　建築　＞　機械　＞　電気
　　　時定数(早い順)　　　　　電気　＞　機械　＞　建築
　　　技術のあいまい度合　　　電気　＞　機械　＞　建築

　また、建築物への影響は、躯体（建築）＞計装（電気）＞設備機器（機械）だと考えられます。

　実際の製品は、これらの事柄が複雑にからみあい、「○○分野専門だからここはわからない、あそこはわからない」のブラックボックスだらけでは、本当の意味で製品を理解したとはいえないですが、かといって専門外のことを理解することは難しいとも思います。

　一般に、ビル用マルチ式は、コモディティ化が進んでいるといわれています。複雑な電子制御を用いて冷媒圧力や流量を可変しており、単純なモデルの冷凍サイクルの理論では状態予測できず、運転時も完全な定常状態ではありません。さらに、理論面での確立が遅れており、メーカー各社の制御の差もかなりあります。機械技術者主体の冷凍サイクルの開発は、物質（冷媒）の状態変化を扱う熱力学の仕事で、自動車に例えると、エンジンの燃焼に類するものです。自動車本体は、コモディティ化はある程度進んでいるかもしれませんが、エンジン制御がコモディティ化しているから自分たちで制御しようと思いますか？　マルチ空調システムは、1件1件異なる条件の建物に使用状況の違うシステムを現地で組み上げて、車の10モードに相当するような環境変化に対応するものをつくりあげる制御であり、コモディティ化は進んでいるとは決していえないと思います。どんな製品にも固有の技術があり、直接携わらない方からは理解できない部分を持っていますが、分野を超えた総合的な「トータルに商品を理解できる技術者」が興味を持って育っていくことになればと思います。

第7章

エアコン（家庭用、店舗用）

　空調設備の中でも比較的小規模な空間を冷暖房する機器をエアコンと呼び、家庭用から店舗用などを対象としています。工事の簡便性から台数を増やして中規模の空間に採用されることもあります。本章では基本的な機器選びから据付け工事の方法などについて理解しましょう。

7-1 空調面積と簡易負荷計算

●カタログで簡易計算

　空調の熱負荷計算と言うと難しそうですが、家庭用や店舗用については空調床面積と冷暖房能力の関係がメーカーカタログに目安として掲載されています。これはJIS規格や空調・衛生工学会規格などから引用して計算されており、天候、ヒトや照明などの機器の負荷、換気、外壁や床等の建材、その他の要因が加味されています。したがって、カタログの例（図7-1-1）のように〇〇〜〇〇 m^2 と幅によって**推奨空調面積**が記載されています。

　通常、対象となる部屋の大きさ（空調床面積）に対する機器の冷暖房能力の選定が目的となります。複数台の設置が必要となる場合も多いので、カタログ値の推奨面積と対象となる空調面積を比較して決めます。天候要因や建物の負荷によっては、補正が必要となりますが、カタログ値の幅の安全側（面積の小さい方）を選択すればほぼ問題ないと言われています。

●精緻な熱負荷計算

　正確に**熱負荷計算**をする場合は、建築系の書物に負荷計算方法が書かれており、壁や床材の種類や厚さなどから熱貫流率、窓や換気設備の種類から換気回数、部屋の熱負荷、日照条件などから算出します。地域別の天候要因や標高によって地域補正をすることがあります。JIS規格や気象庁ホームページに地域別の温度データが記載されているので参考になります。

●部屋の形の影響

　単純な空調面積だけではなく、部屋の形と空調機の据え付ける位置の関係も事前に考慮する必要があります。例えば、L字型の部屋では風の流れを考慮しないと、温度分布の不均一、机やテーブルなどの障害物によって暖房時に足元が暖まらないことが起きる場合があります。これらについて、シミュレーションソフトを使って確認する方法もあります。

図 7-1-1　カタログに記載された部屋の広さの目安

家庭用

店舗・事務所用

適用面積のめやす (m²)				
能力ランク	喫茶・理美容院	飲食店	商店	事務所
P80	28〜35	22〜35	35〜52	47〜70
P112	39〜49	30〜49	49〜72	66〜97
P140	48〜61	38〜61	61〜90	82〜122
P160	55〜70	43〜70	70〜103	94〜139

算出基準冷房負荷（W/m²）
- 喫茶・理美容院（290〜230）
- 飲食店（370〜230）
- 商店（230〜155）　・事務所（170〜115）

出典：東芝製品カタログ

表 7-1-1　地域（三島市）ごとにおける気象データ（例）

出典：気象庁ホームページ

月	気圧 (hPa)		降水量 (mm)				気温 (℃)					
	現地平均	海面平均	合計	最大日	1時間	10分間	平均			最高	最低	
							日平均	日最高	日最低			
1	1012.5	1015.2	21.5	13.0	4.0	1.0	5.2	11.4	-0.2	15.4	-4.3	
2	1012.0	1014.7	76.0	31.0	10.5	4.5	7.7	13.4	1.6	18.5	-3.5	
3	1014.2	1016.8	128.5	56.0	13.5	3.0	9.3	14.7	3.8	24.3	-4.4	
4	1009.1	1011.6	139.0	52.5	21.5	6.0	15.8	21.7	9.8	28.0	3.7	
5	1009.6	1012.1	182.5	33.5	13.5	4.0	19.9	24.8	16.0	30.1	11.8	
6	1008.9	1011.4	378.0	98.5	51.5	12.5	23.4	27.9	19.5	31.7	9.1	
7	1006.6	1009.1	107.0	44.5	19.5	7.5	27.4	32.3	23.3	36.2	19.9	
8	1008.4	1010.9	152.5	80.0	54.5	22.5	26.6	30.9	22.7	34.4	18.4	
9	1013.4	1015.9	198.0	41.5	26.0	12.5	25.1	29.5	21.3	32.6	14.5	
10	1014.3	1016.8	713.5	190.0	37.0	9.0	17.5	22.0	13.6	28.8	4.4	
11	1016.4	1019.0	204.0	106.0	35.0	10.0	14.5	20.5	9.6	23.8	5.2	
12	1015.4	1018.1	72.0	22.5	9.5	2.0	9.9	15.2	4.9	25.2	-0.8	

図 7-1-2　部屋の形による据付け位置の考慮

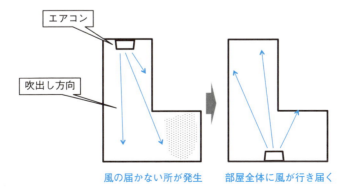

風の届かない所が発生　　　部屋全体に風が行き届く

7-2 機器の選定

●室内機の選定

壁掛形　壁の高い位置に取り付けるタイプで、工事が比較的容易にできます。家庭用の大半はこのタイプです。

天井カセット形　天井内に取り付け、天井面に吸込み口と吹出し口を備えるのでデザイン性が高いこと、室内のスペースを有効利用できるなどのメリットがあります。吹出しが4方向あるタイプが主流です。

天井吊形　部屋の隅の天井に吊り下げて、取り付けます。工事が容易で室内スペースも有効利用できますが、若干圧迫感があります。

床置形　床に据え付けますので、工事は比較的容易ですが、ある程度のスペースが必要です。直接吹出しタイプとダクトタイプがあり用途によって使い分けています。

天井埋込形　天井内に取り付け、ダクトによって吸込みや吹出しを行います。部屋内のレイアウトや照明位置を自由に選択できます。

各機器の特徴について、据付け工事の難易性（配管・配線・躯体工事）、被空調空間の都合（家具・備品・人）、費用・工期、外観、メンテナンス、リニュアルの各項目を表7-2-1に示します。

●建物側の条件

建物の制約条件は、主に部屋の形（平面上）、天井高さ、壁・天井内部の躯体材料や強度、配線設備の有無、配管穴の有無、室外機の置き場所、賃貸の場合は改造条件などがあります。

これらの条件を考慮して、形態・電源・風量・風速・騒音などを事前にカタログでチェックします。また、壁や天井の色やデザインによって室内機の色を選びます。部屋のレイアウトによって気流の方向を調整する必要があり、室内機の形態とともに設置方向も考慮します。なお、機器の選定は7-1節（空

調面積と簡易負荷計算）の能力も含みます。

図 7-2-1　室内機と室外機

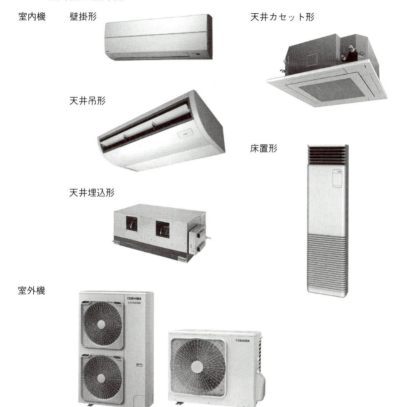

表 7-2-1　空調機器の特徴

	壁掛形	天井カセット形	天井吊形	床置形	天井埋込形
据付け工事の難易性 （配管・配線・躯体工事）	簡単　難易度1	難しい　難易度4	簡単　難易度2	簡単　難易度2	難しい　難易度5
被空調空間の都合	壁は据付け制約が少ない。	あらかじめ天井工事が必要。	天井の工事や改造不要、強度確保は必要。	床面の場所を考慮。	建築工事時に吹き出し口を考慮。
費用・工期	安い、短い	高い、若干長い（建築期間にて考慮）	高い、短い	安い・短い	高い、長い（ダクト工事）
外観	壁面に取り付けるので意匠性劣る。	天井に収まる。意匠性高い。	天井面から出ているので、圧迫感あり。	床面のスペースをとられる。	意匠性は高く、きれい。
メンテナンス、リニュアル	メンテが楽、リニュアルが楽	メンテは普通、リニュアルは若干困難	メンテは楽、リニュアルは普通	メンテは楽、リニュアルは普通	メンテ、リニュアルは計画的に行う。

7-3 据付け工事の一般的なプロセス

●室内機と室外機の設置場所の確認

　室内機または室外機の電源の種類と容量を確認します。電源プラグ形状とコンセント形状が同一か、または電源が製品の定格電流値を下回っていないかなどを確認します。

　室内機設置場所の選定、室外機設置場所の選定、これらは各社の規定があるので、あらかじめカタログや据付け説明書にて確認します。特に製品周囲のスペース（壁から〇〇センチなど）を規定しているので注意を要します。

●室内機の設置

　据付け説明書には、エアコンの位置と配管用の穴位置の型紙が付属していますので、それに合わせて壁に配管用の穴を開けます（配線も同じ穴を使います。一般家庭では穴が開いている場合が多い）。据付け用の板金板を取り付けたあと、機器本体を取り付けます。配管（冷媒用、ドレン水用）と配線（電源用、室内外接続用）を行います。

●室外機の設置

　据付け用の架台または、エアコン用据付け台（プラロック）やブロックなどを置き、その上に室外機を設置します。室内機と配管接続を行い、真空ポンプを使って、接続配管と室内機の中の空気を抜きます。

　バルブを開けて室内側に冷媒を流します。接続配管が標準より長い場合は冷媒を追加します。室内機との接続配線や室外機の給電配線を行います。最後にアース工事を行います。

●各種点検

　配管接続部の冷媒漏れと断熱性の点検、室内からのドレン排水の点検、試運転にて冷暖房が正常であることの確認を行います。

図 7-3-1 室内外ユニットの据付け工事手順（抜粋）

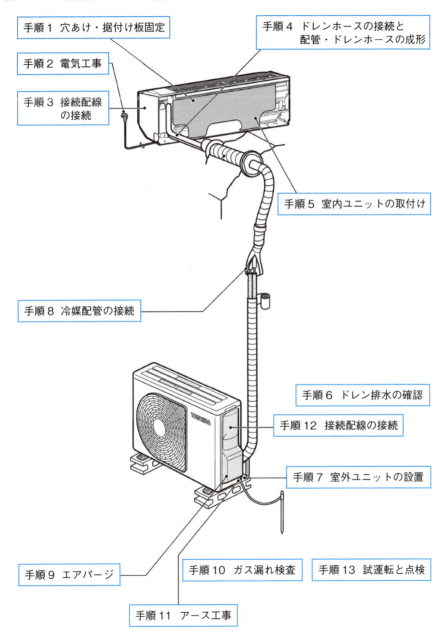

7-4 手始めはカタログの見方から

●家庭用

　全体のボリュームは30〜40ページぐらいで、各メーカーともほぼ同じ構成となっています。1〜3ページ目に全体のラインアップ表を見開きで掲載しています。図7-4-1に示すように横軸に高級機、中級機、普及機と示す形が一般的で、縦軸は機能を掲載しています。例えば、空気清浄機能、省エネ節電機能、除湿、お掃除、お休みなどが列記されています。このラインアップ表を基に製品の選択をします。

　それ以降は、高級機種のメリットを説明しています。省エネ性、特別な機能、搭載部品の性能を解説して各社の優秀性や特異性を示しています。

　次にラインアップ表の高級機から順番に全能力ランクのおおまかな仕様をブロックに分けて表現しています。例えば、図7-4-1に示したように形名、部屋の広さ（畳数）、省エネ性を表す期間消費電力量、省エネルギーマーク（eマーク）、省エネ基準達成率、通年エネルギー効率（APF）、下段に具体的な能力・消費電力・畳数の目安の表、低温暖房能力が記載されています。eマークは省エネ法の目標値に達していれば緑色、未達ならオレンジ色で表示しています。

　以降は別売品や詳細の仕様表と続きます。最後のページに発行元および問い合わせ先が入っているので、電話かホームページでチェックができます。

●店舗・オフィス用

　ラインアップが多く、複雑なので各社とも工夫しており、200ページ以上あります。室内機の形態や高級機と普及機のカテゴリーによって書き分けています。それぞれの室内機と室外機の組み合わせごとに型名と参考価格が掲載されており（図7-4-2）、詳細の仕様は後方にまとめて表になっています。他に機器の図面や運転音、配管長などの工事条件、オプション選定（加湿器、空気清浄機、フィルターなど）多岐にわたって解説しています。

図 7-4-1 メーカーカタログ（家庭用）の一例（抜粋）

出典：東芝製品カタログ

図 7-4-2 メーカーカタログ（店舗・オフィス用）の一例（抜粋）

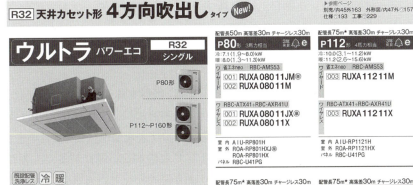

出典：東芝製品カタログ

7-5 性能検定

●性能検定と表示

カタログには冷房や暖房能力とその消費電力が記載されております。家庭用は家庭用品品質表示法にて製品への表示が義務づけられています。家庭用も店舗用も JIS 規格に基づいて測定し、製品表示をしています。これらは日本冷凍空調工業会において**冷凍空調機器検定制度**を実施しています。

この検定制度は以下の3つの項目に適合することが必要です。

(1) 対象製品を製造している工場の性能品質体制の検査、ならびに試験設備の検査
(2) 製品の機種登録
(3) 製品検査

日本冷凍空調工業会では、検定基準に従い、市場より検定製品を抜き取り、性能などの検査を行います。これらに合格したエアコンは、検定合格品として検定証(図7-5-1)を貼付して出荷することができます。なお、これらの検査は日本空調冷凍研究所が委託され実施しています。

●その他

カタログには他に騒音値や重量など、また、機器本体には冷媒の種類など、多くの数字や文言が記載されていますが、基本的には JIS 規格または日本冷凍空調工業会などの団体で決められた測定および表現基準に従って行います。

新たな機能を追加したときは、業界として規格がない場合が多く、各社の責任の下に性能を記載しています。他社より疑義が生じたときには工業会にて統一規格を制定することもあります。エアコンの空気清浄基準や加湿基準などはこれにあたります。

また、カタログの広告表現については、景品表示法に基づくガイドラインが作られており、それに準じて記載しています。「NO.1」や「除菌」と言った表現には、過去に様々なもめごとがあり、厳格に規定されています。

図 7-5-1　日本冷凍空調工業会　検定証

図 7-5-2　家庭用エアコンの室内機銘板（例）

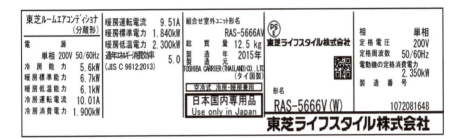

図 7-5-3　家庭用品品質表示法（表示例）

区分名	A
冷房能力	2.8kW
暖房能力	3.2kW
冷房消費電力	545W
暖房消費電力	565W
通年エネルギー消費効率	5.8

使用上の注意

・使用方法に関する注意事項

・点検・手入れに関する注意事項

・設置に関する注意事項

〇〇電気産業㈱

出典：品質表示法 WEB サイト

❗ 日本の伝統暖房『コタツ』

　冬の空調といえば、エアコンやストーブが主流で対流熱伝達や輻射熱をメインに部屋全体を暖めてヒトを快適に導きます。空気温度によって壁や床の温度が上がり、伝熱や輻射によっても暖かく感じるようになります。

　日本の古来の暖房器であるコタツは局所的にヒトの足を直接暖めるので究極のタスクアンビエント空調（作業域の局所空調）といえましょう。

　しかも、足のみを暖めるので、温熱生理学上も効率良く、快適性を得られます。頭寒足熱と太古の昔から言われていますが、知的作業効率も高いはずです。ただし、このヒトの快適感とエネルギー消費量の関係はすばらしく効率が良いのにもかかわらずあまり知られていません。

　現在のコタツはCOP（成績係数）が「1」の電気ヒータタイプで一見効率が悪そうですが、部屋全体を暖めるヒートポンプエアコン（COPは3以上）よりは省エネ性が高いかもしれません。

　日本人が発明した「ハクキンカイロ」も同様ですが、「ヒトの感ずる暖かさ」と「エネルギー消費量」の関係をもっと明らかにして定量化すれば、製品開発の方向性も変わる可能性があります。

　ただし、ヒートポンプ式のコタツができれば最も効率の高い暖房になりそうです。しかし、室外機設置の問題もあり、商品化は難しいといえます。

第8章

空調設備における換気

本章では、換気設備に関する基礎的な事柄を理解しましょう。なお、「換気」と「還気」など、迷いやすい用語についても説明しています。

8-1 換気の必要性

●快適で健康的な生活のために

　建築物の省エネ性や快適性を向上させるため、サッシなど建具の気密性向上とともに建築物の気密性が高くなり、換気の重要性が益々高くなっています。

　住宅を例に挙げると、昔は木製の窓や障子など隙間が多い建具が使用され、特別に気密性の高い住宅構造でもなく、換気扇などなくても自然に屋内外の空気が入れ替わっていました。現在の大半の住宅は、気密性が高く、換気扇なしでは空気を適正に入れ替えることができません（図8-1-1）。

　建築物を作るのに守るべき建築基準法において、換気に関する基準が定められています。人間が生きていくために不可欠な酸素を供給するという観点から、劇場などの特殊建築物（図8-1-2）への換気設備の設置は必須です。

　床面積の20分の1以上の面積の開口部（開閉可能な窓など）があれば、居室への換気設備の設置は不要となっていますが、最近では住宅の気密性が高まっていくなかで住宅の空気が入れ替わらなくなりました。

　また、建材に含まれるホルムアルデヒドなどの化学物質が屋内に滞留することで発症するシックハウス症候群が社会問題化し、2003年には居室への換気設備の設置が義務化され、火気を使用する厨房などへの換気設備の設置は必須となっています。

　トイレや浴室は建築基準法において換気設備の設置については義務化されていませんが、臭いや湿気の排出手段として、快適で健康的な生活のために不可欠です。

●建築物には必須の設備

　換気は臭いや湿気の排出や新鮮な外気を取り入れたりするだけでなく、屋内温度調節や設備機器の冷却に使用されることもあります。例えば、夏場の夜間の涼しい外気を屋内へ取り入れることにより、冷暖房負荷を抑えて省エ

ネを推進し、キュービクル（受電装置を収めた箱）内の機器を冷却する目的に使用されることもあります。今や換気設備は、あらゆる建築物になくてはならない必須の設備となっています。

図8-1-1　昔と今の家を比べてみよう

昔の住宅
（在来工法）

壁と壁の間、壁と柱の間、建具などに適度な隙間があります。

最近の住宅
（高気密・高断熱）

高気密・高断熱住宅は、居住環境の快適性を追求した結果自然換気が少なくなっています。

図8-1-2　特殊建築物とは

> 建築基準法第二条二項で定められた「学校（専修学校及び各種学校を含む。以下同様とする。）、体育館、病院、劇場、観覧場、集会場、展示場、百貨店、市場、ダンスホール、遊技場、公衆浴場、旅館、共同住宅、寄宿舎、下宿、工場、倉庫、自動車車庫、危険物の貯蔵場、と畜場、火葬場、戸建住宅、事務所などは特殊建築物には含まない。

8-2 室内空気の汚染

●ホルムアルデヒドの使用

　室内空気汚染物質の発生源には、建材、設備、家庭用品、在室者、生活行為などが挙げられます（表8-2-1）。生活レベルの向上に伴い、さまざまな化学物質があらゆる工業製品に使用されています。それらが室内空気を汚染する原因のひとつとなっています。これらの化学物質は少しずつ空気中に発散し、室内空気を汚染していました。例えば、合板や壁紙に使用される接着剤には、ホルムアルデヒドが使用されていました。

　一方、省エネや快適性を高めるため、サッシなどの気密性が向上し、建物内の換気が不充分となり、いわゆるシックハウス症候群が社会問題化しました。2003年に建築基準法が改正され、建材へのホルムアルデヒドの使用が規制されるとともに、居室への換気設備設置が義務化されました。建物だけでなく、スプレーの噴射剤やプロパンなどの生活用品にも、さまざまな化学物質が使用されています。濃度が高まると健康への影響が懸念されます。

●二酸化炭素や汚染物質

　台所のガスコンロは、燃焼すると二酸化炭素などの排ガスを出します。ガスを燃焼させるための酸素が不足すると一酸化炭素が発生します（表8-2-2）。在室者自身も空気を汚染しています。人間は二酸化炭素の濃度が高まると危険な状態になり得る可能性もあります。特別に気密性の高い建築物や収容人員の多い施設などでは適正な換気が重要となります。

　空気中に浮遊する綿埃や黄砂、PM2.5といった微小粒子などの塵埃も汚染物質のひとつです。アレルギー（喘息）の原因や健康被害を及ぼします。水分は、一定の温度条件のもとで湿度が高い環境では、ダニやカビが繁殖しやすくなります。湿度が高いことにより、建物の壁内や家具の裏側などで結露が発生し、カビの温床となり健康被害を及ぼすこともあります。木造住宅では結露により木材の腐食につながることも考えられます。

表 8-2-1 室内空気汚染物質と発生源

住宅の新省エネルギー基準と方針による

発生源		発生する汚染物質
建材	コンクリート、石	ラドン
	パーティクルボード、ポリウッド	ホルムアルデヒド
	断熱材	ホルムアルデヒド、ガラス繊維
	耐火被覆材	アスベスト繊維
	ペンキ	有機溶剤（ベンゼン、トルエンなど）、鉛
	内装材、接着剤	カビ、ダニ、ホルムアルデヒド、有機溶剤
器具、設備など	暖房器具、厨房器具などの燃焼器具	二酸化炭素、一酸化炭素、窒素酸化物、ホルムアルデヒド、炭化水素類、水蒸気、浮遊粉じん（煙粒子、燃焼核）
	事務機器	アンモニア、オゾン、溶剤類
	地下水利用の給水設備	ラドン
在室者	新陳代謝など	二酸化炭素、水蒸気、体臭、アンモニア
	生態活動	微生物（フケ、細菌）
人間の生活行為、家庭用品	喫煙	一酸化炭素、窒素酸化物、アンモニア、ホルムアルデヒド、炭化水素類、臭気、タバコ煙(タール、ニコチン、その他)各種発ガン物質
	スプレー	噴射剤（フッ化炭化水素）、プロパン、亜硫酸、塩化メチレン
	清掃用洗剤	アンモニア、塩素、有機物
	塗装	貴金属、ベンゼン、トルエン
	消臭剤、殺菌剤	石炭酸、クレゾール
	殺虫剤	クロロダイン、五塩化フェノール

表 8-2-2 一酸化炭素（CO）の影響

濃度(％)	基準・濃度変化の影響	
0.03(0.04)	標準大気	
0.04〜0.06	市街地外気	
0.07	多数継続在室する場合の許容濃度	CO_2 そのものの有害限度ではなく、空気の物理的、科学的性状が CO_2 の増加に比例して悪化すると仮定したときの汚染の指標としての許容濃度を意味する。
0.10	一般の場合の許容濃度 建築基準法、ビル管理法などの基準	
0.15	換気計算に使用される許容濃度	
0.2〜0.5	相当不良と認められる	
0.5以上	最も不良と認められる	
0.5	長期安全限界（米国労働衛生）ACGIH、労働者の事務所規制	
2	呼吸深さ、吸気量30％増加	
3	作業劣化、生理機能の変化、呼吸数2倍	
4	通常の場合の吸気の濃度	
4〜5	呼吸中枢を刺激し、呼吸の深さ・回数を増す。 呼吸時間が長ければ危険。 O_2 欠乏を伴えば障害は早く生じて決定的となる。	
8	10分間呼吸すれば強度の呼吸困難・顔面紅潮・頭痛を起こす。 O_2 欠乏を伴えば障害はなお顕著となる。	
18以上	致命的	

8-3 換気回数と必要換気量

●建築基準法で定められる必要換気量

　室内汚染物質を屋外へ排出するため、適正な換気で新鮮な外気を導入することが重要です。どれくらいの換気量が必要なのでしょうか。大きく分けて建築基準法で定められる必要換気量と、目安として求める方法があります。

　建築基準法に基づく方法として、①居室（普段人が居る場所）の場合と②火気を使用する場合の2つがあります。さらに居室の場合には、①-1 人間の生命維持に必要な酸素量から求める方法（図8-3-1）と①-2 シックハウス対策としての換気回数（図8-3-2）から求める方法があります。換気回数とは、換気が必要な空間の空気を1時間あたりに何回入れ替えるかを示す数値で、1時間に1回空気が入れ替わる場合には、1回/時間と表されます。

　①-1 は、1人あたりの必要換気量（20 m^3/h）と建築用途（ホテル、劇場、事務所など）により定まる在室人員とを乗じて求められます。公共建築物など建築基準法で定められた特殊建築物は開口部（開閉可能な窓など）があっても適合が必要です。

　①-2 は、換気回数0.5回/h以上が求められます。例えば、床面積が40 m^2、天井高さが2.5 mの居室では50 m^3/h以上の換気量が必要となります。

　②は、燃焼に必要な酸素を供給し、一酸化炭素が発生する原因となる不完全燃焼を起こさないよう定められています。使用する燃料器具の燃料の種類、燃料消費量と、排気フードの有無、形状・寸法により必要換気量が定まります（図8-3-3）。IHコンロは、燃焼器具ではないため、建築基準法の規制外になりますが、調理臭や水蒸気の排出のための換気は必要です。

●必要換気回数の目安

　目安として必要換気量を求める方法には、換気を行う室名ごとに経験的に求められた必要換気回数（表8-3-1）から求める方法や、住宅では優良住宅部品規格として換気量が定められています。

図 8-3-1　人間の生命維持に必要な酸素量から求める方法

建築用途別の1人あたりの占有面積例

建築用途	一人当たりの占有面積	備　考	建築用途	一人当たりの占有面積	備　考
公会堂・集会場	0.5m²～1m²	同時に収容しうる人員	玉突き場・卓球場・ダンスホール	2m²	営業の用途に供する部分の床面積
劇場・映画館・演芸場	0.5m²～1m²	同時に収容しうる人員	パチンコ店・囲碁クラブ・マージャンクラブ	2m²	営業の用途に供する部分の床面積
体育館	0.5m²～1m²	同時に収容しうる人員			
旅館・ホテル・モーテル	10m²		図書館	3m²	同時に収容しうる人員
簡易宿泊所・合宿所	2m²～3m²		事務所	5m²	事務室の床面積
病院・療養所・伝染病院	4m²～5m²		工場・作業所・管理室		作業人員
診療所・医院	5m²	居室の床面積	研究所・試験所		同時に収容しうる人員
店舗・マーケット	3m²	営業の用途に供する部分の床面積	公衆浴場	4m²～5m²	脱衣場の床面積
料亭・貸席	3m²	居室の床面積	特殊浴場	5m²	営業の用途に供する部分の床面積（空調の場合など）
百貨店	2m²				
飲食店・レストラン・喫茶店	3m²	営業の用途に供する部分の床面積	廊下	10m²	
キャバレー・ビヤホール・バー	2m²	営業の用途に供する部分の床面積	ホール	3m²～5m²	

図 8-3-2　シックハウス対策としての換気回数

部屋の必要換気回数から求めます。

24時間換気設備による換気回数の計算には
住宅等の居室：0.5回/h
住宅以外の居室：0.3回/h を使います。

図 8-3-3　必要換気量

表 8-3-1　換気回数の目安

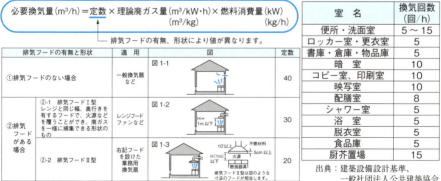

室　名	換気回数 (回/h)
便所・洗面室	5～15
ロッカー室・更衣室	5
書庫・倉庫・物品庫	5
暗　室	10
コピー室・印刷室	10
映写室	10
配膳室	8
シャワー室	5
浴　室	5
脱衣室	5
食品庫	5
厨芥置場	15

出典：建築設備設計基準、
一般社団法人公共建築協会

8-4 換気の方式

●自然換気と機械換気

換気方式を大別すると、自然の風や温度差を利用する自然換気方式と、換気扇や送風機により強制的に換気を行う機械換気方式に分かれます。**自然換気方式**は、自然の風圧や建物内外の温度差による空気密度の差を利用する換気です。エネルギーを使用せず省エネではありますが、たえず変動する自然条件を利用するため、換気量が不安定となります（図8-4-1）。

機械換気方式では、設計により計画的な換気が実施でき、その方法により第1～3種換気方式に分類されます（図8-4-1）。第1種換気は給気および排気を機械換気するもので、最近では熱交換形や同時給排形換気扇などが住宅に設置されています。第2種換気は外気を機械的に給気し、その空気力で自然排気するもので、クリーンルーム、ボイラー室などで使用されますが、木造住宅では結露の恐れがあり使用できません。第3種換気は機械的に排気し、その空気力で外気を自然給気するもので、安価であることから住宅で最も広く利用されている方式です。

外気を取り入れる給気口は、ショートサーキットを起こさないように換気扇の排気から遠くになるように設置します。また、空気の流れが均一になるように分散して配置します（図8-4-2）。

●局所換気と全体換気

換気方式のもうひとつの分類の仕方として局所換気と全体換気があります。**局所換気**とは、台所の換気扇のように燃焼ガス、調理臭が発生する場所を局所的に換気する方法です。**全体換気**は、建物全体を対象として換気を計画するものですが、サッシなどの気密性向上により建物の気密性が高まり、居室の開口部（窓）の開閉やサッシなどのすきまを利用した自然換気が期待できなくなっています。したがって、トイレの臭いや浴室の湿気を局所的に排出するだけでなく、居室を含めた全体換気を計画する必要があります。

図 8-4-1 自然換気方式と機械換気方式

自然換気方式

倉庫・体育館・熱気工場

機械換気方式の種類

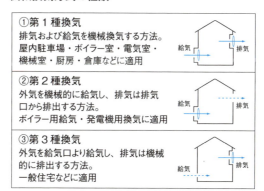

① 第 1 種換気
排気および給気を機械換気する方法。
屋内駐車場・ボイラー室・電気室・
機械室・厨房・倉庫などに適用

② 第 2 種換気
外気を機械的に給気し、排気は排気
口から排出する方法。
ボイラー用給気・発電機用換気に適用

③ 第 3 種換気
外気を給気口より給気し、排気は機械
的に排出する方法。
一般住宅などに適用

図 8-4-2 給気口の配置

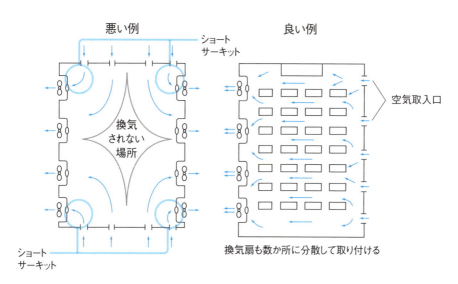

8・空調設備における換気

8-5 換気経路と圧力損失計算

●適切な換気量の算出

　必要換気量、換気方式を決めた後は換気経路を定め、圧力損失計算を行い適切な換気量を算出します。天井に設置されるダクト用換気扇（天井換気扇）や送風機は、ダクトを経由して空気を屋内から屋外へ排出します。ダクトや屋外フードは、換気扇が生み出す風の流れを妨害しようとします（図8-5-2）。

　これが**圧力損失**です。ダクトが長ければ長いほど、曲り数が多いほど、その圧力損失は増え、換気扇の風量は小さくなります。それら圧力損失を加味し、適切な換気量を求める必要があります。

　具体的にはカタログや仕様書に記載された圧力損失曲線をもとに、圧力損失の合計を求め、換気扇の風量－静圧特性から**有効換気量**を求めます。計算方法は、ダクトや部材の圧力損失を計算式から求める方法と、ダクト抵抗曲線を利用した簡略法などがあります。

　換気扇メーカのカタログの巻末に技術資料として掲載されています。

　周辺に障害物のない中高層建築や外風が強い地域では、排気口に外風が当たると、換気扇の風の流れを妨害します。外風圧も圧力損失として考慮する必要があります。

　ダクト用換気扇や送風機はダクトや屋外フードの圧力損失が大きくなると運転騒音も大きくなります。カタログや仕様書に特性が掲載されていますので確認しておいたほうが無難です。

●圧力損失の考慮

　換気計算では、ダクトや部材の圧力損失計算を行います。第3種換気方式では給気側、第2種換気方式では排気側の圧力損失も考慮する必要があります。例えば、第3種換気方式では外気の取入れを自然に行いますが、取入れ口に設置する給気口はできるだけ圧力損失を小さくする必要があります。圧力損失が大きいと計算結果以上に風量が減少することになります。

図 8-5-1　風量と静圧

風量とは
- 換気扇が単位時間あたりに換気する空気の量

単位　m³/h（または CMH）　※参考　m³/min（または CMM）

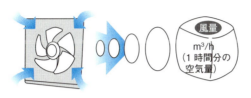

静圧とは
- 空気を押し出そうとする力（圧力）および空気の流れを邪魔する力（抵抗）

単位　Pa（パスカル）
※参考　旧単位 mmH₂O、mmAg（9.8Pa＝1mmH₂O）

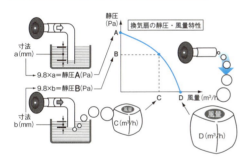

静圧—風量特性

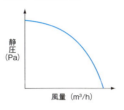

圧力損失曲線

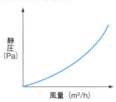

有効換気量とは

換気扇の風量—静圧特性の曲線とダクトなどの圧力損失曲線が交わった点が実際に設置した場合の風量（有効換気量）となります。

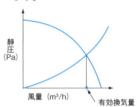

図 8-5-2　風の流れを妨げる力

①外風
高層マンションの高層部では外風が強く、風の流れを妨げるため、下層部と同じ換気扇を同じ条件で使用しても、風量（排気量）は少なくなる。

②ダクト（配管部）
中高層住宅や工場などで長いダクトや曲がったダクト、急に細くなったダクトを使用して換気する場合、風の流れを妨げるため、風量（排気量）は少なくなる。

③給気
密閉した部屋に換気扇を取り付けて運転すると、部屋の空気は最初少し出るが、すぐに換気しなくなる。空気を外に出すには、それと同量の空気を取り入れなければ換気能力は低下する。

8-6 換気と還気

●エアコン、空調機を含めた空気の流れ

　エアコン、空調機は冷暖房機と言われるように換気機能を持っていないのが一般的です。建築物には換気が必要不可欠であることは前述しましたが、換気により外気を室内へ直接導入すると冬季であれば冷たい空気が流入することになり、直接体に冷気が当たり不快な**コールドドラフト感**が増大して快適性が損なわれます。

　これを軽減するため、非住宅建築物では外気を直接導入せずに、空調機を通して導入する方法がとられます。しかし、空調機に外気を直接導入すると過大な負荷がかかります。それを避けるために必要最小限の外気（OA）と室内からの還気（RA）の一部を混合させ空調機へ送るのです（図8-6-1）。

　還気（RA） とは、**返り空気**とも呼び、室内の空気を循環使用するため、吸込み口より返りダクトを通って空気調和機の吸込み側に返る室内空気です。

●快適性の確保と省エネ換気の実現

　コールドドラフト感の軽減による快適性の確保と省エネ換気を実現できる換気設備が**全熱交換ユニット**（第1種換気方式）です（図8-6-2）。冷暖房した室内空気をそのまま排出するとエネルギーを使用して冷暖房した空気を捨てることになり、省エネに反します。それらを克服する効果的な換気方法です（図8-6-3）。

　汚染空気を排出するとともに、熱交換器で熱を交換する機能があります。また、熱交換器が透湿性のある紙などの素材で構成されているため、湿度も交換できます。この方式では、室内の汚染された空気は室内へ戻ってきませんが、温度、湿度交換が行われ、温度、湿度が再利用、戻ってくるという意味合いから、全熱交換ユニットの排気は還気（RA）と呼ばれています。全熱交換ユニットを単独で使用して換気する場合と、給気（SA）を空調機の給気へ接続して外気導入する方式があります。

図 8-6-1　空気調和機の空気の流れ

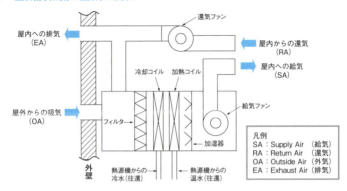

図 8-6-2　全熱交換のしくみ

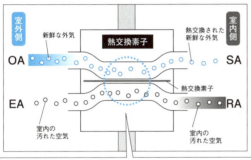

室内の汚れた空気が持っている熱・湿気を、熱交換素子を媒介にして室外から取り入れた新鮮な外気に受け渡し、冬の暖房時には暖かい空気を室内に供給。汚れを室外に排出する。
冬の暖房時は乾燥した外気を室内湿度に近づけて取り入れる。
水気に弱いため、熱交換素子が氷結する寒冷地での使用には適さない。

全熱交換形

熱交換のしくみ

熱交換素子という特殊な板を、少しずつすき間を開けて何層にも重ねた熱交換器。
このすき間に温度差を持つ空気（排気流と給気流）をたがいに通すことで、それぞれが持つ熱を受け渡し、熱交換を行う。
全熱交換形の場合は、熱交換素子に紙を使用しているため、温度だけでなく、湿度も交換する。

図 8-6-3　普通の換気扇と全熱交換形換気扇の比較

普通の換気扇

電気代をかけて冷暖房した空気を捨てる。
○省エネ観点から換気と冷暖房は二律背反
○省エネのためには最適換気が重要

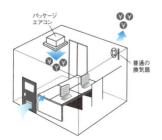

熱交換形換気扇

冷暖房された空気の「熱」を回収しながら換気する。
○エアコンの冷暖房負荷を軽減
○快適換気（外気を室温に近づけて給気）
○遮音効果に優れる。

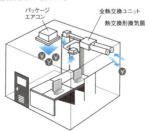

8・空調設備における換気

8-7 換気の住宅と非住宅における考え方の違い

●換気設計への配慮

　基本的な換気の考え方に違いはありませんが、建築物の規模の違いや非住宅固有の建築物によっては別の法令に適合しなければならないなど、換気設計に配慮が必要となります。

　非住宅ではデザイン的な要求から天井が高い建築物が多く見られ、建築基準法に定められた必要換気量を満たすだけでなく、有効に換気がなされるよう配慮が必要です。住宅では天井高さが 2.4 m ほどであり、給気口は、冬期のコールドドラフト感軽減のため床面から 1.8 m 以上の高い位置に設置されます。一方、天井高さの高い非住宅の上方に排気口と給気口を設置すると、人間の居住空間である下方が適切に換気されないことになります。給気口を居住空間域に設定することが重要です（図 8-7-1）。

●建築物衛生法について

　非住宅では建築基準法だけでなく、建築物衛生法の対象となる建築物があり、換気に対する配慮が異なってきます。対象となるのは、①述べ面積が 3000 m^2 以上の店舗、事務所など、②述べ面積が 8000 m^2 以上の学校など、③旅館（ホテル）です。浮遊粉塵の量、炭酸ガスの含有率、相対湿度などの管理項目、基準が定められています（表 8-7-1）。

　例えば、浮遊粉塵の量を基準内に収めようとすると、周辺環境によっては、給気側には高性能なフィルターを装着する必要があり、あらかじめ第 1 種換気方式を選定しておいたほうが、後々対処がしやすくなります。相対湿度を管理基準に適合させる場合、加湿器の設置だけでなく、直膨コイル付全熱交換換気ユニットを設定することで、熱交換により換気による排熱ロスを抑えながら空調エネルギーを減らし、かつ直膨コイルにより温められることにより効率的な加湿が実現します（図 8-7-2）。

図 8-7-1　給気口の配置

表 8-7-1　建築物衛生法（ビル管理法）による管理項目・管理基準

(1)	浮遊粉塵の量	空気 1m³ につき 0.15mg 以下
(2)	一酸化炭素の含有率	100 万分の 10（= 10 ppm）以下
(3)	炭酸ガスの含有率	100 万分の 1,000（= 1,000ppm）以下
(4)	温度	1. 17 度以上 28 度以下 2. 居室における温度を外気の温度より低くする場合はその差が著しくないこと
(5)	相対湿度	40%以上 70%以下
(6)	気流	0.5m/s 以下
(7)	ホルムアルデヒドの量	空気 1m³ につき 0.1mg 以下

図 8-7-2　直膨コイル付き全熱交換換気ユニット

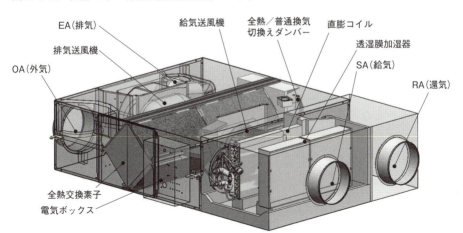

8-8 外気冷房

●外気冷房

　夏の夕涼みを思い浮かべてみてください。暑い夏でも夜になると屋内より屋外の方が涼しいことを経験されたことがありますね。**外気冷房**とは、夏季の夜間などに温度が下がった外気を屋内へ取り入れ、空調機の温度調節に必要なエネルギーを抑えながら屋内温度を下げる省エネ空調です。

　外気を取り入れることになるので排気よりも給気を考えることが重要になります。排気側を機械換気する第3種換気方式では、給気を制御できないため外気冷房に用いる換気方式としては不向きです。給気側を機械換気する第1種または第2種換気方式を使用します。

　第1種換気方式である熱交換換気タイプには、夏季などに屋外温度が屋内温度より低くなった場合に、機器内に設けられた切替えダンパーを作動させ、熱交換を行わずに外気を取り入れ、外気冷房を行うものがあります。温度センサーを内蔵した自動的に外気冷房を行う自動タイプもあります。

　屋内温度を下げるためには、汚染物質の排気に必要な換気量よりも多くの風量が必要となります。外気冷房用として専用の給気送風機を設置する場合もあります。事務所などの建築物は、照明や電子機器などの発熱源があり、外気を利用することで空調負荷を軽減できる場合があります。また、夜間には人が不在となる事務所などでも外気冷房を行うことにより、朝の冷房運転開始時の空調負荷が軽減され、省エネにつながります。

　換気を汚染物質の排出目的ではなく、発熱する機器を冷却する目的で利用する場合があります。これも外気冷房です。例えば、変電設備や通信設備を内設したキュービクルに給気用の換気扇を設置する場合があります。

　機器の発熱量からキュービクル内を一定の温度の温度に保つための必要換気量を算出して適切な換気扇を設置します。夏季など換気だけでは充分な冷却が期待できない場合には、空調機器を併設し、効率的に冷却するシステムも利用されています。

図 8-8-1 熱交換気（夏季、冬季）と普通換気（中間期）

熱交換換気（夏季、冬季）

外気を室内温度に近づけて取り入れる。

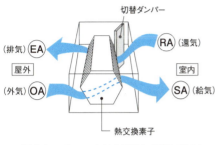

温度センサーにより自動的に運転が切り替わるタイプ（マイコンタイプ）もある。

普通換気（中間期）

切替ダンパーが切り替わり、排気（RA→EA）がバイパスを通るため、熱交換しない外気をそのまま取り入れる。

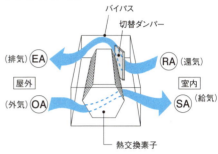

⚠ Follow the Moon

　地球温暖化防止の対策として、空調機器の省エネはよく話題になります。もちろん省エネ法でも規制されていますし、メーカーは機器効率を上げるために日々努力しています。

　近年、膨大な冷却を必要とするデータセンターの省エネは各会社とも頭を悩ましているようです。Apple 社は 20 MW 級の太陽光発電により運用しており、さらに増設も検討しているようです。

　秀逸なのは Google 社のデータセンターです。世界各国にコンテナタイプのデータセンターを設置しているのですが、冷却は行わないようです。その対応は熱くなったら停止するという単純なものですが、実は夜間気温の低いときに駆動し、地球の裏側の昼間の国をサポートしているのです。「Follow the Moon」エネルギーマネージメントと言うようです。データの移動は瞬時にできるのでサーバーは地球のどこにあってもかまわない訳です。

　このような柔軟な発想が重要です。これは 1 日の熱収支を利用していますが、1 年で考えてみると夏の暑さを冬に運び、その逆も運ぶことができれば、空調機器はもっと省エネになるはずです。

❕ 羽根のお話

　風を生み出す羽根。扇風機に使われているプロペラファンが身近な例として思い浮かぶことでしょう。換気扇にはプロペラファンだけでなく、その他色々な形のファンが使用されています。それぞれに特長があり、用途に応じ使い分けられています（3-6節）。

　性能はおおよそ図のようになります。

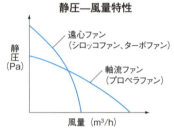
静圧—風量特性

ダクト用換気扇

パイプ用ファン

一般換気扇

レンジフードファン

　ダクト配管をして換気を行うダクト用換気扇、送風機、レンジフードファンなどは、静圧が大きいシロッコファン（遠心ファン）が使用されています。一般換気扇にはプロペラファン（軸流ファン）が使用されています。静圧が小さいため、気密性の低い建築物では風量を確保できますが、気密性の高い建築物では大きな給気口を設置しないと充分な換気量が得られません。

　有圧換気扇はプロペラファンを使用していますが、モータの出力を大きくして静圧を上げています。パイプ用ファンは、プロペラファンとシロッコファンそれぞれの特長を生かした斜流ファンを使用しています。

　換気扇以外の電気製品にも羽根が使われています。エアコン室内機にはクロスフローファン、掃除機には高い圧力を生み出すターボファンが使われています。パソコンなどにも電子基板の冷却用としてプロペラファンが使われています。

第9章

空調設備の維持・管理

　空調設備は一般的に建物よりも短命です。そのため、設備や機器の経年変化を検査・診断し、劣化が確認されたときは、その処置により長持ちさせることができます。室内の温度・湿度・風速・空気汚れなどで機器と設備の性能変化を確認したり、直接目視で水漏れやさびを確認したりすることで診断と処置を行います。

9-1 室内の温度と湿度の計測

●性能測定時の温湿度の計測

　空気の成分は酸素、窒素、アルゴン、炭酸ガス、水蒸気などで構成されています。空調にとって重要な成分は水蒸気です。水蒸気を含まない乾き空気に対して水蒸気がどのくらい含まれているかを計測して湿度としています。相対湿度と絶対湿度があり、一般的には相対湿度（％）のことをいいます。

　実際には、温度は水銀温度計などで測定され、これを**乾球温度**と呼びます。湿度は水銀温度計の感応部を水で湿らせたガーゼで包み、湿球温度を計測し、図や表を用いて相対湿度や絶対湿度を算出します。

　空気の状態を知るには乾球温度、湿球温度、エネルギーで表す**湿り空気線図**（図9-1-1）を利用します。空気は同じ温度でも湿度の高い方が高エネルギーなので、エアコンの冷やす能力も温度だけでは判断できません。潜熱や顕熱の考え方を理解して空気線図を使いこなしましょう。**乾湿球温度計**はオーガスト式やアスマン式などがあります。

●簡易的な計測

　簡易的に温度湿度の評価をする場合は、熱電対、サーミスタなどのように電気的に測定できる簡易的な計測器を使用します。その場合、湿度計測値はバラツキが大きいので計測器の公差を確認します。

　相対湿度は温度によって大きく変化しますので、温度分布の大きい部屋での局所的な数値はあまり参考になりません。平均値から換算する方が正確です。室内の温度ムラを計測することにより、エアコンの吹出し風の強さや方向、机やテーブルの位置、窓の遮光や保温などを調整します。より快適で省エネな運用が可能です。冷房シーズンにおいては温度のみならず湿度が快適性を左右しますので、除湿運転をうまく利用すると省エネ効果が高いです。

　暖房シーズンでは温度の方が優先的に快適性を左右しますが、エアコン暖房は乾燥しやすいので、健康のために加湿器を併用する場合が多いようです。

図 9-1-1　湿り空気線図

顕熱とは
0℃ 0% RH の空気の熱エネルギーが 0 kJ/kg。気温が 10℃上昇するごとに熱エネルギーが約 10 kJ/kg ずつ増えます。

潜熱とは
20℃ 0%RH は約 20 kJ/kg、20℃ 80%RH は約 50 kJ/kg のように、同じ 20℃の空気でも湿度の多少で熱エネルギーが変化します。
約 0.004 kg/kg の絶対湿度の差が熱エネルギー10 kJ/kg の差になります。

全熱とは
気温の高低と湿度の多少による熱エネルギーを合計したものです。
　全熱＝顕熱＋潜熱

湿り空気線図
（圧力 1 気圧）

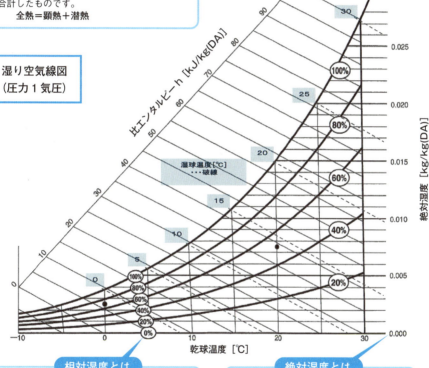

相対湿度とは
空気 1 kg に最大限含むことの出来る水蒸気の重さを 100％とした場合の実際に含まれている水蒸気の重さの割合。
※その時々の気温［℃］により最大限含むことの出来る水蒸気の重さが大きく変化します。

絶対湿度とは
空気 1 kg に含まれる水蒸気を重さ (kg) で表したもの。
※結露や加湿がなければ空気の温度が変わっても絶対湿度の値は変化しない。
（上図の内で水平に動く）

9-2 冷暖房能力と風量の測定

●冷暖房能力の測定

　冷房運転をしたとき、室内から単位時間あたりに除去できる熱量を**冷房能力**、そのときに消費される電力の総計を**冷房消費電力**と定義されていています。暖房も同様となります。冷房・暖房それぞれに**能力測定温度条件**があり、乾球温度と湿球温度が決められています。暖房においては標準能力条件と低温能力条件があり、両方ともに表示義務があります。

　代表値となる能力を**定格**（kW）と呼びます。定格には**定格冷房能力、定格暖房標準能力、定格暖房低温能力**があります。測定方法（平衡式）は図9-2-1のような二重の部屋の中に室内用と室外用の部屋を2つ設け、各部屋の乾球温度、湿球温度を条件に合わせ、安定後に熱量の収支を計算します。

　これ以外に空気エンタルピー式の測定方法があります。室内と室外の温湿度の条件を合わせ、室内機の吹出し口の風量と温湿度を測定し、能力を計算します（図9-2-2）。定格暖房低温能力は室外機に霜がついて、能力が変動するのでこの方法を用います。これらの計測装置は、決められた条件下にて校正します。

　日本では能力可変形（インバータ式）のエアコンが大半を占めており、その背景から、上記定格能力値以外に**通年エネルギー消費効率**（APF、前述）という値があり、その数値によってエアコンの省エネ性を代表するとともに、省エネ法の達成基準値となっています。この数値は上記定格能力3点に加えて、冷房暖房の中間運転能力2点を測定して、計5点により算出します。

●風量の測定

　構造は主に受風室、接続ダクト、測定ノズル、排気ファンから構成され、受風室圧力とノズル速度水頭の測定装置を設けます（図9-2-3）。被測定物（エアコン）の吹出し口を接続ダクトに漏れのないようにつないで測定します。ノズル前後の静圧差、空気の比体積、圧力などから風量を算出します。これ

らの能力や風量は、基本的に JIS で定められています。現場で簡易的に行うときは、吹出し口の面積と風速の平均で算出することもあります。

図 9-2-1　平衡式室形熱量測定装置

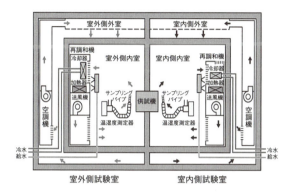

出典：財団法人日本空調研究所
　　　ホームページ

図 9-2-2　カロリーメータ形空気エンタルピー測定装置

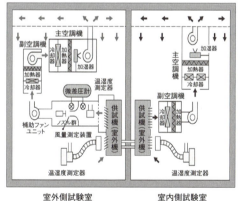

出典：財団法人日本空調研究所
　　　ホームページ

図 9-2-3　風量測定装置

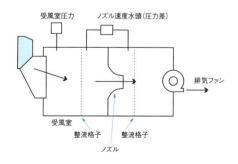

9-3 結露とその対策

　空調機器が原因で発生する結露は、冷房時の室内機吹出し口、熱交換器の近傍の構造体、接続配管、ドレン配管、空気ダクトなどがあります。カビの原因や建物を痛めるので対策が必要となります。論理的にはある空気環境に露点温度以下の風や構造物があると結露します。

●空調機の故障

　工場出荷時における製品の想定温度よりも低い場合に発生します。症状は吹出し口や構造体の結露と滴下、あるいは霧状の空気が吹出し口から濡れたりします。理由は冷媒漏れによる冷凍サイクル不具合、冷凍サイクル内のつまり、膨張弁の故障が考えられます。判定に技術と時間を要しますが、対策は修理しかありません。

　空調機のフィルターの目詰まりにより風量が減り、上記と同様な症状が出ることがあります。故障ではありませんが、日々のメンテナンスも重要です。

●施工不良または経年劣化

　施工時に配管やダクト類の断熱が不充分だった場合や、経年劣化すると配管などの表面に結露します。たまに小動物による破損もあります。ドレン水がスムーズに流れていないときも、水がたまったところの配管が結露します。天井裏とか壁の中なので発見したときはダメージが大きいのとその修理はかなり面倒です。対策は断熱強化と標準施工をすることです。

●予想以上に湿度の高い環境

　海や川の近くや、霧の多い山あい、冬の北陸地方など、地域的な気象条件によって湿度の高いとき、結露することがあります。また、建物のコンクリートは初期段階では水分を放出するので湿度が高くなりますし、屋根裏が異常に湿気る場合もあります。対策は断熱強化と吹出し口の風向調整（場合によっては断熱シートや保水シートを貼り付ける）を行います。

● **結露以外で水が落ちる**

建造物では、さまざまな溶剤（壁紙接着用）が使用されており、新築では特に揮発することがあります。まれに、これらが熱交換器に付着して撥水性が高くなり滴下する場合があります。対策は熱交換器の交換などです。

図9-3-1　空調機の故障

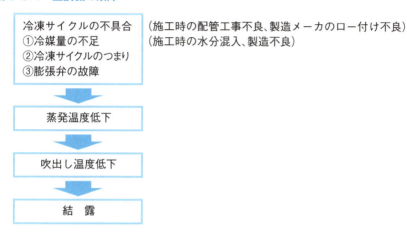

図9-3-2　冷房運転時冷凍サイクル図

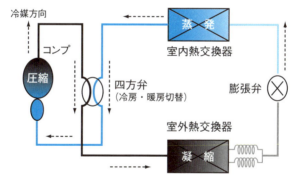

図9-3-3　一般ダクトの断熱仕様（屋内）

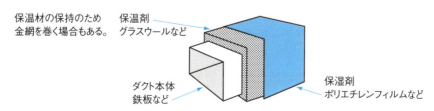

9-4 設備の診断と経年劣化

●ビル衛生管理法

　「建築物における衛生的環境の確保に関する法律」という法律があり、建物の衛生的環境の維持・向上を目的としてさまざまな設備を管理する必要があります。もちろんこの法律の適用範囲でない延べ面積 3000 m^2 以下の店舗や家庭も管理の目安にしております。

　判断基準として、一例ですが、浮遊粉塵の量や二酸化炭素の含有率、温度湿度、気流などがあり、空調設備に起因することが少なくありません。

　上記のような検査結果による数値以外に空調設備そのものが起因となる消費電力の増加、騒音の悪化、振動の増加、水漏れ、異臭などが発生する場合もあり、日々の点検による設備診断が必要です。

●家庭用

　通常のエアコンは大半がスプリットタイプの壁掛け方式のため、配管や排水管の経路がわかりやすいので、診断は容易です。ほとんどの場合は問題が発生してからの対応となり、主に水漏れや騒音異常、冷えない、暖まらないなどです。通常はメーカーのサービス会社が対応しており、カタログやホームページにて連絡先を知ることができます。

●店舗・オフィス用

　管理会社や専門部門が日常点検を行う場合が多いのですが、小さな建物では家庭用と同様の場合もあります。

　設備の診断は電流や電圧計の指示値やフィルターの目詰まり、ダンパの開度などをマニュアルに準拠して点検します。これらの数値や頻度、開度などは必ず記録します。

　可動部の過熱や配管接続部の漏れ、異常音、異常振動などはヒトの五感に頼ることがあり、今までとの違いを判断する必要があります。経年劣化によ

る異常はわかりにくいことがありますが、注意点は排水系のさび、バルブの漏れ、防振ゴムの硬化、ネジのゆるみ、可動部の油切れ、ゴムベルトの緩み、モータの軸受などです。原因はいろいろありますが、意外なものとして、紫外線、湿気、小動物の侵入、細菌の繁殖、鳥の糞などがあります。

表 9-4-1　ビル衛生管理法（空気調和設備を設けている場合の空気環境の基準）

項　目		基準値
ア	浮遊粉塵の量	0.15 mg/m^3 以下
イ	一酸化炭素の含有率	100 万分の 10 以下（= 10 ppm 以下）
		※特例として外気がすでに 10 ppm 以上ある場合には 20 ppm 以下
ウ	二酸化炭素の含有率	100 万分の 1000 以下（= 1000 ppm 以下）
エ	温度	(1) 17℃以上 28℃以下
		(2) 居室における温度を外気の温度より低くする場合は、その差を著しくしないこと。
オ	相対湿度	40% 以上 70% 以下
カ	気流	0.5 m/秒以下
キ	ホルムアルデヒドの量	0.1 mg/m^3 以下（= 0.08 ppm 以下）

表 9-4-2　ビル衛生管理法（空気調和設備および機械換気設備の維持管理）

	管理部	作業
1	空気清浄装置	ろ材又は集じん部の汚れの状況及びろ材の前後の気圧差等を定期に点検し、必要に応じ、ろ材又は集じん部の性能検査、ろ材の取替え等を行うこと。
2	冷却加熱装置	運転期間開始時及び運転期間中の適宜の時期に、コイル表面の汚れの状況等を点検し、必要に応じ、コイルの洗浄又は取替えを行うこと。
3	加湿減湿装置	運転期間開始時及び運転期間中の適宜の時期に、コイル表面、エリミネータ等の汚れ、損傷等及びスプレーノズルの閉塞へいそくの状況を点検し、必要に応じ、洗浄、補修等を行うこと。
4	ダクト	定期に吹出口周辺及び吸込口周辺を清掃し、必要に応じ、補修等を行うこと。
5	送風機及び排風機	定期に送風量又は排風量の測定及び作動状況を点検すること。
6	冷却塔	集水槽、散水装置、充てん材、エリミネータ等の汚れ、損傷等並びにボールタップ及び送風機の作動状況を定期に点検すること。
7	自動制御装置	隔測温湿度計の検出部の障害の有無を定期に点検すること。

表 9-4-3　家庭用・店舗用エアコンの症状と対応

現　象	対　応
水漏れ	各社サービスセンター（ご相談センター）に連絡。カタログ巻末または WEB サイトにて確認できる。
冷えない・暖まらない	
異常騒音	
煙・霧の発生	
汚れ	

表 9-4-4　管理会社・専門部門による点検と診断

点　検	確認ポイント
計測器の指示値の確認	電流、電圧、冷水温度、差圧、流量など。
フィルターの点検	差圧計、めづまり確認
バルブ類の点検	開度、水漏れ、温度
ダンパ	開度、防火の作動有無
加湿機その他付帯設備	ノズル、弁の確認。空気清浄機のフィルター
ドレンパン	さび、亀裂、汚損物による水漏れなど
可動部（モータ、ベルトなど）	異常音、防振ゴムの硬化、ゆるみ、油切れなど

9-5 清掃・メンテナンス

　故障や性能低下を未然に防止するために、前述（9-4節）の設備診断の範囲になりますが定期的な清掃などのメンテナンスが必要です。

●家庭用

　家庭では室内機のフィルター清掃あるいはダストボックスのゴミ捨て、室外機または周辺のゴミ清掃と限られていますが、消費電力を抑える効果があります。室内機の熱交換器清掃は市販のスプレータイプの洗浄剤が売られてはいますが、なるべく専門業者に依頼しましょう。電気部品が動作不良を起こしたり、プラスチック部品にヒビが入ったりすることがあります。

●店舗・オフィス用

　室内機のフィルター清掃は、こまめに行うのが肝要です。室内の環境条件にもよりますが、美容院やレストランは油成分、パウダー成分が浮遊しますのでフィルター目詰まりの原因となります。熱交換器の清掃時期は、フィルター清掃時に汚れ具合が確認できますのでタイミングを見計らって、専門業者に依頼します。

　加湿器を伴う設備は水中のミネラル成分に起因するスケールが多く付着するので、取り除くのに手間がかかります。給水ラインに純水器を使用してある程度防止することができますが、純粋器の交換時期の管理が必要です。

　換気装置も汚れると、風量が減って室内環境が悪化しますので、フィルター、ファン、ダクト、ダンパ部、排気口の金網の清掃をします。

　空気清浄装置は種類にもよりますが、フィルター、捕集部（コレクター）、ファンの清掃をします。

　その他、大きな建物では蒸気や水配管、水熱交、冷却塔、冷温水ポンプ、全熱交換器など、多岐多様な設備がありますが、それぞれ定期的な清掃が必要で、それらが故障を未然に防ぎます。

図 9-5-1　壁掛形エアコンのフィルター清掃

吸込みグリルを開ける

フィルターを取り出す

清掃する

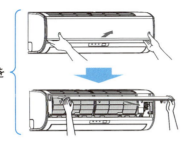
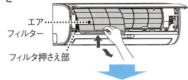

図 9-5-2　天井カセット形エアコンのフィルター清掃

1　吸込口を開ける
●吸込口のコーナーを押しながらフックを内側にスライドさせて、吸込口を持ってしずかに開きます。

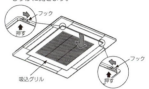

2　エアフィルターを取り出す
●エアフィルターの突起部を内側に押して手前に引くと取り出せます。

3　ホコリを掃除機で吸い取るか水洗いする
●汚れのひどいときは、中性洗剤を溶かしたぬるま湯か水で洗うと効果があります。

●水洗いした後は、日陰でよく乾かしてください。

図 9-5-3　換気扇の清掃（パイプファン）

出典：東芝、製品取扱説明書

9-6 さび止め塗装

●設備の鉄部

　主にビルや工場の空調用ダクトや送風機、排水系のドレンパンは、定期的なさび止め塗装が必要となります。メンテナンスの専門業者に依頼することが一般的ですが、空調機を停止しなければならないので、計画的に行います。
　塗装の注意点は前処理で、表面の清掃と古い塗装の除去あるいはプライマー処理、さらに表面の油分水分除去です。塗装してはいけないモータ可動部などのマスキング（養生）をしてから、さび止め塗装後、本塗装をします。塗料によっては臭気が被空調側に広がるので、乾燥や抜気運転を行います。

●塩害地・その他

　海沿いの塩害地や雪の多い地域[*1]はさびの発生が懸念されますので、その対応用の室外機が売られており、カタログにて確認ができます。通常、表面塗装強化や熱交換器のカチオン塗装などの対応をします。表面塗装は**JRA耐塩害仕様**[*2]という標準規格があり、それに準拠するのが一般的です。その他、厨房用と称して、構造部品をステンレス板で製造された商品もあります。
　特殊な例としては、温泉地域ではイオウ成分による銅腐食が発生し、冷媒が漏れることがあり、室外機内の銅パイプを塗装することがあります。また、沖縄などではヤモリが室外機に入り込み、電装部品を壊すことがあるので基板表面を絶縁塗装した特注品もあります。

●塗装以外の対策

　塗装とは異なりますが、工場内にて特別な酸などを取り扱う場合は、外気

[*1] 雪の多い地域は道路に凍結防止剤（塩化ナトリウム）や融雪剤（塩化カルシウム）を使いますので塩害地域と同様なことが起こります。
[*2] 日本冷凍空調工業会標準規格 JRA9002

処理タイプ（オールフレッシュ）を使えば、工場内の空気を空調機に戻しませんので腐食の危険性は減ります。

図 9-6-1　空調ダクト鉄部のさび止め塗装（例）

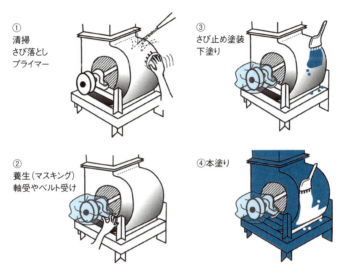

図 9-6-2　塩害仕様室外機のカタログ（例）

■据付け場所について

	JRA 耐塩害仕様	JRA 耐重塩害仕様
据付け場所	潮風には当たらないがその雰囲気があるような場所	潮風の影響を受ける場所ただし、塩分を含んだ水が直接機器にはかからない場所
設置場所条件	1. 室外機が雨で洗われる場所 2. 潮風の当たらないところ 3. 室外機の設置場所から海までの距離が約 300 m を超え 1 km 以内 4. 室外機が建物の陰になる場所	1. 室外機に雨があまりかからない場所 2. 潮風が直接当たるところ 3. 室外機の設置場所から海までの距離が約 300 m 以内 4. 室外機が建物の表（海岸面）になる場所 5. 室外機設置場所付近のトタン屋根、ベランダの鉄製部の塗替えなどが多い場所

■海岸からの設置距離目安
（設置環境により条件が変わる）

1. 直接潮風の当たるところ

	設置距離目安		
	300m	500m	1km
①内海に面する地域※	耐重塩害	耐塩害	―
②外洋に面する地域	耐重塩害		耐塩害
③沖縄、離島	耐重塩害		

※瀬戸内海など

2. 直接潮風の当たらないところ

	設置距離目安		
	300m	500m	1km
①内海に面する地域※	耐塩害	―	
②外洋に面する地域	耐重塩害		耐塩害
③沖縄、離島	耐重塩害		耐塩害

※瀬戸内海など

注：耐塩害仕様・耐重塩害仕様の選択は、設置環境により条件が変わる場合（例えば季節風・台風の影響の強い地域）を除いたときの目安です。

●参考文献・資料

大髙敏男,『絵とき ヒートポンプ 基礎のきそ』,日刊工業新聞社,2011
大髙敏男,『図解 よくわかる廃熱回収・利用技術』,日刊工業新聞社,2014
大髙敏男,『絵とき 熱力学 基礎のきそ』,日刊工業新聞社,2008
日本冷凍協会,『冷凍空調技術(改訂版)』,日本冷凍空調学会,1997
TAC建築設備研究会,『いちばんよくわかる 空調・換気設備』,TAC出版,2012
間秀夫,『写真でトライ 空調設備の点検と整備』,オーム社,2006
公共建築協会,『建築設備設計基準』,公共建築協会,2015
空気調和・衛生工学会,『空気調和・衛生工学便覧 Ⅱ,Ⅲ,Ⅳ』,空気調和・衛生工学会,2010
空気調和・衛生工学会,『SHASE-S010 空気調和・衛生設備工事標準仕様書』,空気調和・衛生工学会,2007
『建築物における衛生的環境の確保に関する法律(ビル衛生管理法)』,2014
環境省,『気候変動に関する政府間パネル(IPCC)第5次評価報告書』,2014
国税庁,『耐用年数の適用等に関する取扱通達(別表第一)』
資源エネルギー庁,『省エネ法の改正について』,2014
家電製品協会,『家電製品のプラスチック等部品の表示およびリサイクルマークのガイドライン』,2008
日本工業標準調査会,『JIS B 8616 パッケージエアコンディショナ』,2015
日本工業標準調査会,『JIS C 0950 電気・電子機器の特定の化学物質の含有表示方法』,2008
日本工業標準調査会,『JIS C 9612 ルームエアコンディショナ』,2013
東芝,『東芝キヤリアカタログ,取扱い説明書,据付け説明書』

用語索引

ア行

圧力損失	166
安全衛生管理	104
イニシャル費用	86
インバータ	76
運転費用	86
エアーサイクル	49
エアコン	12
液―液熱交換器	58
液―ガス熱交換器	58
エネルギー消費効率	82
塩害地	186
遠心式圧縮機	64
遠心式多翼送風機	66
欧州 REACH	92
横流送風機	66
オープンネットワーク	100
汚染物質	160
温度検出器	112
温度補正	125

カ行

外気冷房	172
開放サイクル	38
返り空気	168
化学物質管理	92
隔壁式熱交換器	58
ガス―ガス熱交換器	58
風	56
家庭用空調機器	80
壁掛形	148

乾き空気	12
還気	168
換気設計	170
乾球温度	176
換気量	166
乾湿球温度計	176
機械換気方式	164
気化式加湿	68
期間 SEER	42
吸収剤	46
吸収式冷凍機	46
吸着式冷凍機	50
凝縮・蒸発―ガス熱交換器	58
業務用空調機器	80
局所換気	164
空気圧縮式冷凍機	48
空気調和	12
空気調和機器	12
空気調和の4要素	14
空気用弁	62
空気流路	102
空調機器	12
空調設備の選定手順	98
空調方式	30
グリーン購入法	94
グルーピング	120
建築物衛生法	170
工業工程空調	23
黄砂	22
更新性	84
コールドドラフト感	168
個別分散型空調	32
コンセプト	98, 120

サ行

- サービススペース ……………… 102
- 再熱除湿方式 …………………… 68
- 作業空調 ………………………… 23
- 3R ……………………………… 92
- 産業空調 ………………………… 23
- 磁気熱量効果 …………………… 49
- 磁気冷凍機 ……………………… 49
- 軸流式送風機 …………………… 66
- 資源有効活用 …………………… 92
- 自然換気方式 …………………… 164
- 室外機 …………………………… 150
- 室内環境指標 …………………… 25
- 室内機 …………………………… 150
- 室内形態 ………………………… 122
- 湿り空気 ………………………… 12
- 湿り空気線図 …………………… 176
- 省エネ運転 ……………………… 114
- 省エネ法 ………………………… 94
- 蒸気式加湿 ……………………… 68
- 蒸気配管 ………………………… 76
- 蒸気噴射式冷凍機 ……………… 48
- 初期故障期間 …………………… 84
- 塵埃 ……………………………… 20
- 振動規制法 ……………………… 88
- 振動・騒音対策 ………………… 88
- 振動対策 ………………………… 136
- 新標準有効温度 ………………… 26
- 新有効温度 ……………………… 26
- 推奨空調面積 …………………… 146
- 水用弁 …………………………… 62
- スターリング冷凍機 …………… 50
- 成績係数 ………………………… 42
- 施工工程表 ……………………… 104
- 設置条件補正 …………………… 125
- 全水方式 ………………………… 30
- 全体換気 ………………………… 164
- セントラル空調式 ……………… 32
- 全熱交換ユニット ……………… 168
- 騒音規制法 ……………………… 88
- 騒音対策 ………………………… 136
- 送風機 …………………………… 66

タ行

- ターボ冷凍機 …………………… 44
- 耐用年数 ………………………… 84
- 対流暖房方式 …………………… 30
- ダクト材料 ……………………… 110
- 単一ダクト方式 ……………… 30, 34
- ダンパー ………………………… 62
- 暖房方式 ………………………… 30
- 地球温暖化防止 ………………… 90
- 直接接触式熱交換器 …………… 60
- 直接接触熱交換器 ……………… 58
- 直接暖房方式 …………………… 30
- 直膨外気処理ユニット ………… 127
- 直膨コイル付全熱交換ユニット … 127
- 通年エネルギー消費効率 …… 82, 178
- 定格 ……………………………… 178
- 定格暖房低温能力 ……………… 178
- 定格暖房標準能力 ……………… 178
- 定格冷房能力 …………………… 178
- 定期点検 …………………… 116, 142
- デシカント空調 ………………… 52
- 天井埋込形 ……………………… 148
- 天井カセット形 …………… 88, 148
- 天井吊形 …………………… 88, 148
- ドレン配管 ……………………… 131

ナ行

- 二酸化炭素 ……………………… 160
- 二重ダクト方式 ………………… 34
- 日常点検 …………………… 116, 142
- 熱源機器 ………………………… 106

熱負荷計算	146
能力	122
能力測定温度条件	178

ハ行

配管の抵抗	108
配線工事	112
バスタブ曲線	84
バルブ	62
搬入経路	103
必要換気量	162
ビル衛生管理法	182
ファンコイルユニット方式	36
風量の測定	178
負荷	122
不快指数	25
輻射暖房方式	30
輻射冷暖房方式	36
浮遊粒子状物質	21
フロン系冷媒	72
フロン排出抑制法	94
ペルチェ効果	51
ペルチェ式冷凍機	51
変風量ユニット	34
保健空調	23
保守・点検	116
ホルムアルデヒド	160
ポンプ	76

マ行

摩耗故障期間	84
マルチエアコン	32
水	56
水・空気方式	36
水配管	76
密閉サイクル	38

ヤ行

誘引ユニット方式	36
有効温度	26
有効換気量	166
床置形	148
容積式圧縮機	64
横流送風機	66
予測平均申告	25

ラ行

ライフサイクルアセスメント	90
リサイクル	92
リデュース	92
リユース	92
ルームエアコン	80
冷却塔	60
冷暖房能力の測定	178
冷媒	46, 56, 72
冷媒配管	76, 131
冷媒弁	62
冷媒方式	30
冷房消費電力	178
冷房能力	178

英数

APF	42, 82
COP	42, 82
JRA 耐塩害仕様	186
LCA	90
PM2.5	22
PMV	25
RA	168
RoHS 規制	92
SPM	21

■著者紹介

大髙　敏男（おおたか としお）
　国士舘大学 理工学部 機械工学系 教授

佐々木　美弥（ささき みや）
　東芝キヤリア株式会社 環境推進室 室長

長澤　敦氏（ながさわ あつし）
　東芝キヤリア株式会社 技監、神奈川工科大学 創造工学部 客員教授

村瀬　伸夫（むらせ のぶお）
　東芝キヤリア株式会社 国内商品企画部 空調企画担当 参与

●装丁　　　　中村友和（ROVARIS）
●編集＆DTP　株式会社エディトリアルハウス

しくみ図解シリーズ
空調設備（くうちょうせつび）が一番（いちばん）わかる

2016年5月25日　初版　第1刷発行

著　者	大髙敏男・佐々木美弥・長澤敦氏・村瀬伸夫
発行者	片岡　巌
発行所	株式会社技術評論社 東京都新宿区市谷左内町 21-13 電話　03-3513-6150　販売促進部 　　　03-3267-2270　書籍編集部
印刷／製本	株式会社加藤文明社

定価はカバーに表示してあります。

本書の一部または全部を著作権法の定める範囲を超え、無断で複写、複製、転載、テープ化、ファイル化することを禁じます。

©2016　大髙敏男・佐々木美弥・長澤敦氏・村瀬伸夫

造本には細心の注意を払っておりますが、万一、乱丁（ページの乱れ）や落丁（ページの抜け）がございましたら、小社販売促進部までお送りください。送料小社負担にてお取り替えいたします。

ISBN978-4-7741-8042-7　C3052

Printed in Japan

本書の内容に関するご質問は、下記の宛先まで書面にてお送りください。お電話によるご質問および本書に記載されている内容以外のご質問には、一切お答えできません。あらかじめご了承ください。

〒162-0846
新宿区市谷左内町 21-13
株式会社技術評論社 書籍編集部
「しくみ図解」係
FAX：03-3267-2270